**Harry Potter et l'Histoire
ALCHIMIES HISTORIQUES !**

哈利·波特与历史

〔法〕达米安·布里多诺(Damien Bridonneau) 著

赵飒 译

中国出版集团
中译出版社

Harry Potter et l'histoire: Alchimies historiques!
Copyright © Éditions de l'Opportun 2021.
Published by special arrangement with Les Éditions de l'Opportun in conjunction with their duly appointed agent 2 Seas Literary Agency and co-agent The Artemis Agency.
The simplified Chinese translation copyright © 2022 by China Translation and Publishing House ALL RIGHTS RESERVED.

著作权版权登记号：图字 01-2022-2161 号

图书在版编目（CIP）数据

哈利·波特与历史 /（法）达米安·布里多诺（Damien Bridonneau）著；赵飒译. -- 北京 : 中译出版社，2022.8（2024.11 重印）

书名原文：Harry Potter and History--Historical alchemies!
ISBN 978-7-5001-7096-9

Ⅰ.①哈... Ⅱ.①达... ②赵... Ⅲ.①儿童小说－长篇小说－小说研究－英国－现代 Ⅳ.①I561.078

中国国家版本图书馆 CIP 数据核字（2022）第 087867 号

哈利·波特与历史
HALI BOTE YU LISHI

出版发行	中译出版社
地　　址	北京市西城区新街口外大街 28 号普天德胜大厦主楼 4 层
电　　话	（010）68005858，68359827（发行部）68357328（编辑部）
邮　　编	100088
电子邮箱	book@ctph.com.cn
网　　址	http://www.ctph.com.cn
总 策 划	刘永淳
策划编辑	郭宇佳　赵　青
责任编辑	马雨晨　邓　薇
文字编辑	赵　青
封面插图	董宜人
装帧设计	潘　峰
排　　版	北京竹页文化传媒有限公司
印　　刷	北京中科印刷有限公司
经　　销	新华书店
规　　格	787mm×1092mm　1/32
印　　张	7.75
字　　数	81 千字
版　　次	2022 年 8 月第 1 版
印　　次	2024 年 11 月第 7 次印刷

ISBN 978-7-5001-7096-9　定价：68.00 元

版权所有　侵权必究
中译出版社

献给我的祖父保罗

目 录

前　言

第一部分 | 纯血统巫师与诺曼人

1　凯尔特民族特性与巫师世界的开端　　　5

2　斯堪的纳维亚人的壮大与斯莱特林的扩张　　　11

3　"战胜者之乡"与纯血统巫师的故乡　　　17

4　凯尔特人的正统性与亚瑟王传奇　　　25

5　冈特的约翰：从"兰开斯特家族"到"冈特家族"　　　35

第二部分 | 伏地魔与专制主义

6　从里德尔到伏地魔　　　55

7　波特夫妇的牺牲　　　63

8　议会的控制　　　69

9　魂器的神秘主义象征　　　77

第三部分 | 霍格沃茨与英格兰王国的建立

10	四大学院与等级制度	91
11	赫奇帕奇学院的起源	95
12	拉文克劳学院的起源	101
13	格兰芬多学院的起源	105
14	幽灵：选择保持透明	115
15	"四院旗"与姓氏纹章	127
16	霍格沃茨与坎特伯雷教区	147

第四部分 | 历史上的故事

17	邓布利多：魔法师与圣杯骑士	171
18	斯内普：黑骑士与德鲁伊教祭司	181
19	复身、梦境、阿尼马格斯和纳吉尼	189
20	德思礼一家与巫师	201

结　　语	213
参考文献	217

前　言

对很多人而言，"哈利·波特"系列只是一系列传奇故事或者电影，然而任何作家——无论是"大师级别"还是"普通级别"、是否享誉全球、作品是否出版，都会以其生活的世界作为写作的灵感源泉。从这个意义上讲，一部小说中的角色身上都或多或少有作者本人的影子。这时，叙述者因其叙事风格也成了一个角色，而不再是一个简单的"施动者"。

本书试图阐明这样一个事实：J.K. 罗琳的部分灵感来自历史传说（史诗）、神话学、宗教信仰、历史以及充沛的想象。她将各种概念结合起来，以此串联起她积累的知识，最终打造了一个内容无比丰富的世界。

J.K.罗琳成功地将神话、历史、现实主义、哲学、政治学、社会学、法律、教育与已经概念化或广泛存在于虚构作品、学说、习俗或现实（过去、现在）中的人文主义融合在一起。而有能力创造出这样一种具备多概念、多领域的作者也是凤毛麟角。

从这一点上，我们再次看到了这样一位作家：从自己的知识、个人经历以及世界中汲取灵感，并对世界有着自己独特的看法和分析。这就是作家的主观性。作家通过创造出完全与自身信念、信仰和价值观呈对应关系的人物来实现自我洞察。不过值得一提的是，客观性虽然被伪装起来，但作者的主观性通常是可以被察觉的，并且不妨碍其作品体现某种人生哲学。

"哈利·波特"系列在全球超高的传播度和接受度进一步彰显了该作品的宏伟：从小便沉浸在"哈利·波特"世界中的"90后"和"00后"数不胜数。对于他们中的大部分人来说，"哈利·波特"系列代表了童年，甚至是他们阅读的第一本书。有数据显示，"哈利·波特"系列的影响波及全球大部分人口，无论社会阶层或行业，也无论读者或电影版观众的年龄。

21世纪初，互联网越发普及，生活节奏加快。在这种背景下，中小学生阅读的时间越来越少。J.K. 罗琳仅凭一己之力，延缓了阅读这一岌岌可危的习惯的消失，还使得一部分成年人重新燃起了阅读的激情。此外，丰富的细节让读者总能在"哈利·波特"世界中发现新的东西，这也造就了对这部作品的多种解读。比如，中学生对"哈利·波特"系列的理解就与 30 岁成年人的有所不同；同样，一个政治学专业的学生对作品中某些参考内容的理解，与巴黎政治学院讲师的也不相同[1]。

我并不是一位学院派，而是一位公法学学者、热爱历史。我热爱"哈利·波特"世界，也同样热爱历史，正是它让我对这一传奇故事中出现的历史作出全新的解读。

对"哈利·波特"系列的分析和解读数不胜数，且方式繁多。这部作品激起了哲学家、神学家、政治学家乃至历史学家的强烈兴趣——专业研究杂志中数不清的相关文章证明了这一点。全世界范围内，在伦理、历史、政治学[2]、宗教学、哲学[3]以及近期的法学领域[4]，相关学者都从各自的专业领域对"哈利·波特"系列进行了相关解读。

本书尝试对"哈利·波特"世界作出一些新的历史学评论，通过历史来解释某些主要人物存在的原因，以及部分姓氏和英国巫师社会中某些机构的起源。J.K.罗琳创造的世界如此之丰富，令我们无法忽视历史与"哈利·波特"世界的建立之间的联系。此外，尽管关于纳粹主义在"哈利·波特"系列中的地位已有不少颇引人关注和具有洞察力的研究，罗琳本人还是解释了一下自己的意图：

> 我希望哈利离开麻瓜的世界，转而在巫师的世界里面对完全相同的问题。所以，后一个世界里也存在建立等级制度的意愿，并加上了狂热崇拜和种族纯粹等明明属于严重错误但在世界范围内随处可见的概念。很多人喜欢自视高人一等，因为某种表面上的纯粹而沾沾自喜，罔顾其他。所以，确实存在一种（与纳粹主义的）对照关系，但不只这一种。[5]

因此，将伏地魔和希特勒进行一次快速对比并不是本书的目的。让-克洛德·米尔内尔将伏地魔视作"一个通过骗取灵魂来获得权力，并服务于一种帝国主义的形象"[6]。这一分析与希特勒和伏地魔之间建立的比较也有相似之处：与拿破仑一样，希特勒对于第三帝国和其对欧洲的统治持一种帝国主义观；而伏地魔骗取灵魂的做法只是极权主义的特点之一。[7]

"J.K. 罗琳希望人们将她的作品当成一部以包容为主题的启蒙作品来阅读：异族通婚，性选择的自由，奉行平均主义的霍格沃茨魔法学校（与'第三共和国'的学校具有异曲同工之处），等等。此外，国家在其中没有扮演任何角色：巫师的世界里没有宪法，麻瓜世界里也没有出现女王的形象……邓布利多认为，巫师世界要多向麻瓜世界学习，因为后者逐渐发展出了一种政治智慧，即主张权力分立的议会体系，这在巫师世界中是没有的。"[8]

这种解读在"哈利·波特"系列大受欢迎的国家十分普遍，笔者尝试通过一种深入且前所未见的分析来淡化和改变这种解读，并在分析中关注这一只有J.K. 罗琳本人知晓其中奥秘的细节。我们刚刚已经提到，"哈利·波特"系列的作者曾表示，纳粹政权并非唯一通过类比出现在巫师世界中的制度。米尔内尔认为，巫师世界中不存在宪法，霍格沃茨是"第三共和国"的学校，那里并不存在权力分立。但是，通过阐明"哈利·波特"系列和英国历史之间存在交集的一些景象，我们将看到，无论从事件年表，还是从英国机构与小说中的机构之间的平衡和并列关系来看，巫师世界都是麻瓜世界历史的写照。一旦发现巫师世界只是一种隐晦的镜像,我们就会注意到 J.K. 罗琳的灵感直接来自她祖国的历史。

考虑到已有关于"哈利·波特"系列与第二次世界大战相似性的大量研究和政治理论,本书将侧重于一个更大的时间跨度,涵盖英国历史的不同时代和时期,包括整个中世纪,也包括现代。

本书并不满足于在历史和"哈利·波特"系列之间进行比较,而是在全书的论证过程中提出一种可以被称为"哈利·波特式的国家理论"。由于本书会引起一部分"哈利·波特"系列忠实读者的兴趣,因此将采用一种尽可能易于理解的论述风格。

知易行难。本书将提供明确和详细的素材,在强调历史重要性的同时,也同样重视法律在历史和"哈利·波特"世界中的地位。米尔内尔否认巫师世界中存在宪法、权力分立以及法治国家[9],而本书则试图证明相反的事实。在本书的题材叙述和论证过程中,我们必然会遇到"哈利·波特"系列中国家和权力这两个主题,否则本书的探讨便会表现出不足。

毕竟,"哈利·波特"系列以人为蓝本,这些属性也不仅仅是政治方面的。它们是人类所固有且尚未开发的属性。当人类发现这种支配自己的魔法并加以善用,便会揭示它;随后,人类要么展现和创造光明,要么占有和散播黑暗。这便是对白魔法和黑魔法的一种存在性比喻。然而,正如邓布利多所说,"决定我们是什么人的……是我们的选择"[10]。人类本质上是灰色调的。如果他调动自己最黑暗的缺点,将其变成光明的品质,便能向他人展示自己最优秀的一面。

也许这就是人类的王权。[11]

【注释】

1. 这可不是信口胡编的例子。2013—2014 学年度,巴黎政治学院曾开设一门名为"J. K. 罗琳的'哈利·波特'系列:文学、精神分析与政治学研究角度"的课程。

2. 让‐克洛德·米尔内尔(Jean-Claude Milner),《伦理学和政治学中的哈利·波特》(*Harry Potter à l'école des sciences morales et politiques*),巴黎,PUF,2014。

3. 综合全面的法国相关研究见玛利亚娜·卡扬(Marianne Chaillan),《哲学中的哈利·波特》(*Harry Potter à l'école de la philosophie*),巴黎,Ellipses Marketing,2015 年。宗教学作品见"哈利·波特:改编与解读",载《宗教学文集》(皮埃尔·乔尔吉尼主编)里尔,里尔天主教大学季刊,第 73 卷,第 2 期,2016 年 4 月至 6 月。

4. 瓦莱尔·恩迪奥尔(Valère Ndior),尼古拉·卢索(Nicolas Rousseau),《哈利·波特传奇故事中的法律》(*Le droit dans la saga Harry Potter*),巴黎,Enrick B. Éditions,"法学精品"丛书,2019。

5. 笔者特意强调这一点,因为罗琳的这种看法对本书论述方法的合理性来说至关重要:它为我们提供了诸多历史编纂学分析和解读的可能。"对《哈利·波特的政治解读》",见 Wikipédia, l'encyclopédie libre,维基媒体基金会,2003。

6. 由朱莉·拉萨尔(Julie Lassale)摘录,见让‐克洛德·米尔内尔,《"哈利·波特"系列是一部政治教育小说》(Jean-Claude Milner: «Harry Potter est un roman d'éducation politique»),载玛利亚娜(*Marianne*)2015 年 4 月 26 日刊。

7. 汉娜·阿伦特曾指出,"极权运动是原子化和孤立的个体构成的群众组织",载奥利维耶·纳伊(Olivier Nay),《政治观念史》(*Histoire des idées politiques*),巴黎,Armand Colin,"U"丛书第二版,2016,第 503 页。

8. 出处同 6。
9. 由于米尔内尔以电影版本为参考,他的分析无法做到完善。
10. J. K. 罗琳,《哈利·波特与密室》,巴黎,Gallimard Jeunesse,口袋书版(Folio Junior),2005,第 349 页。
11. 本书内所有关于"哈利·波特"系列的引用均来自"哈利·波特"系列法语版或注释 10 所述版本。——编者注

第一部分

纯血统巫师与诺曼人

"诺曼人仍然并将永远在我们之中生存……

诺曼人将这个地区的上等人拉下马，

而下等人是撒克逊人的子孙。"

——罗贝尔·德·格洛斯特编年史[1]

"他生活在大约1000多年以前；

就我们了解的所有情况看，

你很可能是他的传人。"

——赫敏对哈利说道[2]

乍看上去，将纯血统巫师归为1066年诺曼人入侵[3]的必然结果似乎不那么合理。不过，J. K. 罗琳还是给了我们一些提示，诺曼底公爵征服者威廉一世（约1028—1087年）在黑斯廷斯战役（1066年10月14日）的次日发起的"入侵"，与自称"纯血统"的巫师们之间存在着某种关联。

首先，斯莱特林学院的宗旨经常被比作纳粹主义思想，其实它更接近一种具有保皇主义和贵族性质的血统价值观。结合1066年诺曼人登陆英格兰之后的史实，笔者认为，马尔福家族拥有祖上传下来的庄园并非出于偶然。笔者的个人猜想得到了J. K. 罗琳的文章《马尔福家族》[4]的证实：

> 马尔福这一姓氏来源于古法语，意为"邪恶的信仰"。同很多英国贵族的祖先一样，巫师阿尔芒·马尔福（Armand Malfoy）作为诺曼底入侵军队的一员与征服者威廉一世一同来到英国。在向威廉一世提供未知、阴暗（而且几乎可以肯定属于魔法）的服务之后，马尔福在威尔特郡获得了一块从当地地主手中攫取的上等土地，他的后代就在这片土地上生活了10个世纪。[5]

读完这段话，想必不会再有人质疑纯血统家族和1066

年诺曼底入侵之间存在联系。阿尔芒·马尔福获取庄园的方式也与史实相符。登陆佩文西之前，征服者威廉一世曾向自己的手下许诺，让他们迅速获得财富，并赠予他们土地，以此作为奖励；而实际上，日后继承这些巨大领地的，只有诺曼底、布列塔尼、弗拉芒和法兰西的贵族。至于其他士兵，他们中大部分人只是获得了一笔税金。有人曾提出"对英国'庄园'（manoir，法语）粗暴占用"[6]的说法。另外，"庄园"一词既可以指"领主的宅邸"，也可以指"领主土地权"[7]。

　　然而，罗琳所描述的情况是否足以在征服者威廉一世手下的诺曼人和纯血统之间建立起一种真正的联系呢？这一点仍然存疑，因为如果这种联系真的具有某种特征，那么我们就要重新审视麻瓜和巫师的地位了。

1
凯尔特民族特性与巫师世界的开端

※

曾经的不列颠尼亚(Britannia,即如今的大不列颠岛)一直是一座充满魔法的岛屿。大不列颠王国被英吉利海峡和东部的北海从欧洲大陆分割出去,是受到泛日耳曼"入侵"和文明混杂洗礼最多的国家。那里先后出现了凯尔特人(和他们的德鲁伊魔法),恺撒大帝的罗马人,盎格鲁人,朱特人;紧接着,出现了创造出亚瑟王传奇的撒克逊人,维京海盗也从斯堪的纳维亚半岛远道而来;最后,征服者威廉一世的诺曼人登陆了这片土地(指黑斯廷斯战役)。

凯尔特人在政治上不甚统一，自公元前4世纪便出现在大不列颠岛上。他们所在的社会与J.K.罗琳描绘的巫师世界颇为相似，这个世界里的巫师遍布每一个国家，国家内部由一个政府掌权。虽然巫师们没有统一成一个国家，1689年的《国际巫师联合会保密法》却对他们进行统一约束，就像我们这些麻瓜也可以说，我们在《世界人权宣言》下统一起来。

凯尔特人坚守着自己的传统和德鲁伊教，因而幸免于大不列颠岛上的罗马化风潮。[8]

同样，巫师也过着封闭的生活，远离麻瓜世界的事务，似乎与凯尔特人一样成了"一个贵族和战争少数群体"[9]，一些历史学家甚至认为凯尔特人"统治着一个被驯服的群体"[10]。而这正是格林德沃或者某位坚定的食死徒会提出的论据：由于巫师一直隐藏在阴影中，因此他们服从于麻瓜。同样，"J.波考尼（J.Pokorny）甚至在20世纪初提出，德鲁伊教祭司是一群新石器时代的巫师，他们能使用魔法控制印欧入侵者"[11]。

在凯尔特人的社会中，"国王、王子、贵族或者战争勇士们乐于远离'大众'或'像奴隶一样的'人，或者与之划清界限"[12]。

凯尔特人社会的这种运行规则精确地反映出格林德沃的帝国主义观（邓布利多也一度抱持这样的观点），伏地魔后来又在另一背景下重提这一观点。

德鲁伊教祭司和最初的魔法师

德鲁伊教祭司（druide）在凯尔特人社会的组织结构中担任着祭祀的职务，但严格来说他们并不属于祭司群体。他们是拥有自由意志的哲学家和魔法师，[13]某些故事里甚至传说德鲁伊教祭司拥有魔杖。[14]

在《高卢战记》（*La Guerre des Gaules*）中，恺撒曾提到德鲁伊教祭司的学识，并强调称，很多学生远赴布列塔尼学习和实践德鲁伊教。从那时起，大不列颠岛便与这种神圣的学识永远地联系在了一起。[15]这或许就是霍格沃茨闻名欧洲的原因。除了拥有这样的智慧，巫师还隐藏在麻瓜通常无法看到或者能改变麻瓜视觉的地方。这一感知概念还要从"德鲁伊教祭司"一词的词源说起：weid- 意为"知道、看见"，特指能看到凡人看不到的东西的能力。也许正是出于这一原因，"城堡[16]被施了魔法。麻瓜望着它，只能看见一堆破败的废墟，入口处挂着一个牌子，写着：

危险,禁入"。[17]

分院帽和凯尔特吟游诗人

我们这些生活在大陆上的人对"吟游诗人"这个词已经习以为常,然而在爱尔兰,他们则变成了"filid",即被称为"诗人"的故事家。爱尔兰语中的"file"指"通灵者",因此"filid"被归类于"会魔法的预言者"。他讲述"神话和英雄的传奇与诗歌",甚至能做出"预言"及"国王和德鲁伊教祭司用来统治或凌驾于王室统治之上"的讽刺诗。[18]

分院帽在将学生分派到不同的学院之前,会诵读一首在校长办公室精心准备了一整年的诗歌,它"认为自己有义务在必要时向学校提出警告"[19]。因此,分院帽就是典型的凯尔特诗人,会针对某些事情提醒学校和邓布利多。我们甚至可以设想,它除了做出预言和在我们每个人头上朗诵诗歌,以便初入校园的我们被分配到更适合自己的学院之外,还扮演着校长顾问的角色。

尽管分院帽只是格兰芬多在撒克逊人入侵大不列颠岛后设计出来的产物,它仍然在这部作品中代表着凯尔特文化的一部分。

总体上来说，凯尔特人同巫师一样，都是由神话集结到一起，不分国界的独立个体。

"哈利·波特"系列中巫师的世界没有国界，它既无处不在，又无处可寻。巫师能在麻瓜的世界里自由行走，与他们生活在同一屋檐下，但麻瓜无法进入巫师的世界。

2

斯堪的纳维亚人的壮大
与斯莱特林的扩张

如果你们还记得宾斯教授的魔法史课，就应该知道霍格沃茨建在麻瓜看不到的地方，因为“在当时那个年代，老百姓害怕魔法，男女巫师遭到很多迫害”[20]。宾斯告诉我们，霍格沃茨始建于1000多年前，具体日期不详，而读过《霍格沃茨：一段校史》的赫敏则谈起了斯莱特林——一位生活在“约1000年”[21]前的巫师。

这些内容是在20世纪90年代讲给我们听的，因此，霍格沃茨的建造时间应该在10世纪或11世纪。

当时，诺曼人，或者说从斯堪的纳维亚半岛一路南下的"北方人"，在古代的纽斯特利亚（Neustrie）安顿下来。[22] 纽斯特利亚曾属于法兰克王国，首都是著名城市苏瓦松（Soissons）。同时，斯堪的纳维亚人在东盎格利亚（East Anglie）开展了一系列袭击，最终长久定居在诺森伯里亚（Northumbria，今位于约克郡）。盎格鲁-撒克逊人迫使凯尔特人撤离的同时又在政治上屈服，甚至在一段时间里，丹麦王冠和英格兰王冠戴在同一个人的头上。

斯堪的纳维亚人在大不列颠岛上出现后，带来了他们热衷的吟唱诗歌[23]，也导致了"北欧古文字"的引入。

北欧古文字——维京文字研究

我们所掌握的北欧古文字就来自维京人。研究北欧古文字对麻瓜历史学家来说难度较大，但是在霍格沃茨就不一样了，孩子们三年级就开始研究这种文字。

北欧古文字以其神话起源著称[24]，这种"神秘的知识、秘传的智慧"在"某些冰岛诗集文本或其他文本中"被赋予了一重"'魔法符号'的词义"[25]。在罗贝尔-雅克·蒂博（Robert-Jacques Thibaud）的著作《北欧和日耳曼神话与符号词典》(*Dictionnaire de mythologie et de symbolique nordique et germanique*) 中,就将北欧古文字定义为"神的文字"。[26]

"在魔法和预言实践中,北欧古文字被分割开来,标注在梣木棍上,这种文字因而与整个北欧文化中代表宇宙生命和神识的世界之树(Yggdrasil)产生了联系。"[27] 另外,Yggdrasil 肯定不会是紫杉。紫杉用于制作伏地魔的魔杖也绝非偶然。这种有毒的树木通常令人联想到悲伤和死亡,一般种植在墓地以及大多数树木无法生长的地方[28],这种树"似乎与魔鬼签订了合约,从而获得了某种永生"[29]。此外,紫杉因上述可怕之处而受到凯尔特人的敬畏,就连中世纪的弓箭手都曾在英格兰、苏格兰和威尔士使用过这种木材。[30]

因此,北欧古文字至今仍与这种凯尔特德鲁伊教祭司特有的学识、秘密和智慧观联系在一起,而且是斯堪的纳维亚魔法仪式的一个组成部分。

从历代文字来看,霍格沃茨教授的北欧古文字很可能是 8 世纪的斯堪的纳维亚古文字,即弗萨克文(Futhark)。这种文字的字母表在过去一段时间里为诺曼人所用,是中世纪北欧古文字的初始形态。当时随着英格兰逐步殖民化,盎格鲁-撒克逊古文字正在渐渐消失。此外,斯堪的纳维亚古文字来自丹麦语:丹麦人登陆英格兰东北部,造成了诺森比亚王国和东盎格利亚王国的崩溃。

正如宾斯教授所说,4位创始人建造霍格沃茨的时候,英格兰正在经历一段极其混乱和不稳定的时期。这一阶段一直持续到11世纪末,随之一起结束的是威廉一世的统治——他入侵英格兰建立诺曼王朝时,曾试图永续其统治。

纯血统巫师和北欧人

从《哈利·波特与密室》开始,血统这一社会问题就被提了出来。罗恩的解释是,"现在大部分巫师身上都流淌着麻瓜的血"[31],并且"要是不和麻瓜通婚,巫师早就绝种了"[32]。

"哈利·波特"系列中出现了两种对立的学说:一种是民族主义、狂热崇拜和种族纯粹性,另一种是多元文化主义。这种对立关系存在于世界历史的不同时期,也涉及21世纪的当代人。也正是在这种对立关系中,现实与虚构才得以在人类历史上不断互动。最明显的例子是《哈利·波特与混血王子》第 1 章中魔法部部长和英国首相的会面。

最终还是多元文化主义占了上风，麻瓜的孩子可以成为巫师，而巫师的孩子也可以成为"哑炮"，巫师也可以与麻瓜通婚。由此可以看出一种机会和条件平等的隐喻。纵观世界史，或者截取其中最小的一个层面——英格兰的历史，我们可以看出，日耳曼人和斯堪的纳维亚人的"迁移"导致了多个文明的变革。凯尔特人的自我封闭造就了威尔士语和康沃尔方言，而 1066 年的征服则搅乱了盎格鲁-撒克逊的社会版图。

J.K. 罗琳主张宽容和麻瓜融入巫师世界的潜在可能，麻瓜出身的巫师证明了每个人身上都具备魔法潜能。在"哈利·波特"的世界里，一个麻瓜儿童之所以能成为巫师，是因为他的一位祖先曾经拥有魔力，将魔法随着基因传给了一代又一代人。至于那些自称纯血统的人，罗琳并不支持他们的学说。上文中已经简要陈述过，人口迁移确实阻止了种族纯粹性成为现实。

"哈利·波特"系列中的各个群体都以世界历史为蓝本。这些群体能发生突变、演化、相互通婚，比如一个拒绝自我封闭的凯尔特男人会与一位持开放态度的撒克逊女人结婚。由此可以得出结论，在"哈利·波特"系列中，麻瓜和巫师的种族并非两个独立存在的群体。种族主义即便并不能达到种族纯粹性的目的，也会让各个群体之间的空隙进一步加大。

如果我们围绕"哈利·波特"系列中历史的复杂演化进一步开展论证的话，我们必然会得出这样的结论：在诺曼人、（大不列颠及布列塔尼的）凯尔特人和丹麦人眼中，盎格鲁-撒克逊人就相当于麻瓜。然而，从历史编纂学的角度来看，盎格鲁-撒克逊人中很可能存在混血巫师，甚至是麻瓜出身的巫师。纵观英格兰历史，与凯尔特人通婚的盎格鲁-撒克逊人也许只是少数，但他们的血液里很可能流淌着来自丹麦或诺曼维京人的魔法基因。

因此，在诺曼底，并不存在真正的纯血统巫师，只存在一种囊括某种古老传统和不同知识的文明。

这些诺曼和凯尔特文化特性足以让一部分人脱离盎格鲁-撒克逊人这一大众群体，这些少数群体能将自己的特性发扬光大，从代表标准和规范的大多数人中脱颖而出、鹤立鸡群。纯血统家系同样无法逃脱这一定律。

3

“战胜者之乡”与纯血统巫师的故乡

位于贝叶（Bayeux）的英国军人墓园里埋葬着1944年6月登陆诺曼底的英国士兵，墓园门口上方写着这样一段铭文：“我们，被威廉一世征服的人，曾解放了战胜者的故乡。”（Nos a Guillelmo victii, victoris patriam liberavimus）。这段铭文证明，英国对1066年的诺曼人的敌视由来已久。

1066 年：纯血统巫师的出现

1066 年敲响了盎格鲁-撒克逊英格兰的丧钟。对法国新教徒来说，这是十分黑暗的一段时期，而在英吉利海峡的另一侧，英格兰人则在努力维护自己的盎格鲁-撒克逊出身 [33]。

前文曾提到，马尔福家族于 1066 年与征服者威廉一世一同来到英格兰。J. K. 罗琳写道，马尔福家族并非唯一登陆佩文西的家族："同很多英国贵族的祖先一样，巫师阿尔芒·马尔福作为诺曼底入侵军队的一员与征服者威廉一世一同来到英国"[34]。我们知道，在英格兰，贵族们以其诺曼人出身为傲。马尔福、冈特、莱斯特兰奇等拥护伏地魔的家族也为自己的纯血统身份感到自豪。而斯莱特林学院的幽灵 [35] 不正是盎格鲁-诺曼贵族之一吗？这些贵族的幽灵都有男爵（Baron）的头衔，这难道是巧合吗？还有一点值得注意，马尔福家族的到来并非孤立事件——罗琳说的是"同很多英国贵族的祖先一样"[36]。1066 年随威廉一世登陆英格兰的所谓纯血统家族并不在少数。1066 年 10 月 14 日，诺曼人和在黑斯廷斯与威廉一世并肩作战的贵族战士都被授予了一片"庄园",也就是领地。

正是在黑斯廷斯,英格兰王冠被永远封印。

正是在黑斯廷斯,阿尔摩里克半岛的凯尔特人报复了曾经在大不列颠岛上侵占他们土地的盎格鲁-撒克逊人。

正是在黑斯廷斯,诺曼人、(大不列颠及布列塔尼)凯尔特人以及第三军团的弗拉芒人、法兰西岛人、普瓦捷人和安茹人"赶走了英格兰人"。

然而,同样是在威廉一世的战士身上,我们看到了斯莱特林的人格。同斯内普、斯拉格霍恩、德拉科·马尔福等人一样,威廉一世的手下为一个许诺他们财富和荣耀的公爵战斗。他们受到了金钱和权力的诱惑,而这正是斯莱特林的典型特征之一。不过,诺曼士兵也证明了他们的胆量、勇气和相对的忠诚(类似于斯内普),尽管形势对国王哈罗德二世的盎格鲁-撒克逊士兵有利,一部分诺曼士兵仍然在撤退的过程中毫不犹豫地战斗,就像霍格沃茨之战中的马尔福一家。另外,英国人对 1066 年诺曼人的看法很容易使人联想到格兰芬多对斯莱特林的态度。

在"波特迷"(Pottermore)网站[37]上的另外一篇文章中,罗琳提到了 20 世纪 30 年代出版的一部"纯血统名录"[38],里面统计了 20 世纪被认为属于纯血统的姓氏(共

28个),例如普威特(莫丽·韦斯莱嫁给亚瑟前的家族姓氏),这一姓氏由诺曼人在1066年后引入,在古法语中意为"骁勇、正派",用于形容战士的勇气[39]。这是"二十八圣"名单中唯一有颂扬性质的诺曼姓氏,而它被赐予了一位格兰芬多的学子。

为了便于理解,表1中清晰地整理了这些被视为纯血统的名字的地理起源和它们在英格兰历史上拥有的地位:

表1 28个姓氏的分布情况 [40]

起源	格兰芬多或赫奇帕奇学院的人物	未知	斯莱特林学院的人物	次要人物(其他斯莱特林)
诺曼	1 普威特		5 塞尔温、特拉弗斯、诺特、莱斯特兰奇、马尔福	
盎格鲁-撒克逊	1 隆巴顿	5 格林格拉斯、弗利、克劳奇	2 弗林特、博克	1 伯斯德,伯克郡村庄
与皇室有血缘关系	1 麦克米兰,与苏格兰皇室有血缘关系:苏格兰国王亚历山大三世或者苏格兰骑士		2 亚克斯利、埃弗里	

(续表)

起源	格兰芬多或赫奇帕奇学院的人物	未知	斯莱特林学院的人物	次要人物（其他斯莱特林）
凯尔特	1 艾博，在盎格鲁-撒克逊人和诺曼人到来之前便已在苏格兰出现		1 布莱克	
法兰西			1 罗齐尔	1 帕金森
未知/其他	3 奥利凡德、韦斯莱、沙克尔	1 沙菲克-阿拉伯姓氏	4 冈特、斯拉格霍恩、罗尔、卡罗	
总计 (28)	7	6	13	2

可以看出，血统纯粹性最狂热的追求者都有着诺曼姓氏，只有格兰芬多的莫丽是个例外。布莱克这一据说"最古老的"[41]家族实际上是凯尔特人出身。这一家族具有数据库中除了艾博外唯一比盎格鲁和诺曼姓氏更古老的姓氏，这便巩固了凯尔特人在巫师世界中的地位。至于麦克米兰这位赫奇帕奇学院的学生，他的形象来自13世纪负责在一部"议会法案"框架下开展调查的评委会的委员之一。照此说来，这个姓氏应该是古代苏格兰或爱尔兰地区

盖尔人的一个分支。数据库中还提到了一位"麦克默莱恩"（MacMolane），他应该是15世纪爱丁堡的一位骑士。然而，一想到赫奇帕奇的幽灵生前是一位修士，就不禁让人怀疑：这难道真是一个巧合吗？"他没能成为一位红衣主教"[42]，这让这位修士抱憾终身。

贵族食死徒

纯血统的狂热追求者都是食死徒，并且几乎全部来自诺曼底或法兰西，其中大部分人都与英格兰君主有血缘关系。例如，亚克斯利曾是亨利八世统治时期（1491—1547年）的法学家，供职于民诉法庭，这个工作在当时是个美差。此外，他还在1540—1546年担任郡督，并在亨利八世统治末期拥有数座庄园。

民诉法庭由亨利二世（1133—1189年）创建，前身是贤人会议（Witenagemot），相当于金雀花王朝下的大谘议会（Curia Regis）。贤人会议由"贤人"组成，"贤人"是指1066年诺曼人抵达英格兰后被夺去庄园的盎格鲁-撒克逊贵族。民诉法庭从名字上来说与威森加摩（Wizengamot）十分相似[43]，法国"哈迷"更熟悉的写法是"Magenmagot"[44]。

因此,斯莱特林狂热分子们都与英格兰君主有血缘关系。另外一位食死徒埃弗里在历史上曾是爱德华一世(1239—1307年)的近亲,而爱德华一世是上文中提到的亨利二世的曾孙。总的来说,只有卡罗和罗尔这两个斯莱特林的姓氏无法找到出处。斯拉格霍恩和冈特虽然也被列入"未知/其他",但这两个姓氏在历史上绝对有根有源。斯拉格霍恩很可能出现在托马斯·查特顿(Thomas Chatterton)创作于17世纪的诗歌《黑斯廷斯战役》(*Battle of Hastings*)[45]中。至于冈特,考虑到这一姓氏在"哈利·波特"系列及其历史关联中的重要性,我们将在后文专门开辟一个小标题进行论述。"诺特"这个名字据说来自诺曼,在神话和北欧象征体系中是"夜晚"的意思,同时也是北欧民间传说中巨人女儿的名字[46]。

许多英国贵族以他们的诺曼出身为傲,与拥护伏地魔的斯莱特林声称自己高麻瓜一等如出一辙。按照他们的思路,麻瓜就相当于盎格鲁-撒克逊人,或者说英格兰人。"哈利·波特"世界里精准地反映出了同样的敌意。

现在,我们来尝试理解他们这种观点的依据,这种观点还与诺曼人和安茹国王的观点有着千丝万缕的联系。

4
凯尔特人的正统性与亚瑟王传奇

✼

如果亚瑟王其人真的存在,也一定不是大众所迷信的那样,而是存在于 7 世纪或 8 世纪。

亚瑟王很可能是一位曾经成功团结凯尔特人对抗盎格鲁-撒克逊人入侵的军事领袖。凯尔特人当时蛰居于如今的威尔士、康沃尔和苏格兰,因此亚瑟王可能当时就潜伏在这几个地区中,等待被唤醒后一劳永逸地将撒克逊人赶出大不列颠岛。

这与萨拉查·斯莱特林和他的密室颇有几分相似:密室中的蛇怪等待着原先主人的继承人,届时它会爬出自己的巢穴，赶走霍格沃茨所有麻瓜出身的巫师。

这则救世主归来拯救国家的神话在 1066 年广为流传，也将诺曼底和意欲收复失地的阿尔摩里克半岛的布列塔尼人联合到了一起。

威廉一世自封为王，理由是忏悔者爱德华[47]（约 1001—1066 年）将其指定为自己的继任者。不过，虽然忏悔者爱德华是英格兰国王，但他首先是一个撒克逊人。同被威廉一世视为篡位者的哈罗德一样，忏悔者爱德华也是被撒克逊贵族组成的贤人会议宣布即位的。然而，在战场上最终赢得胜利的是威廉一世，而诺曼贵族这一被视为从欧洲大陆直闯进来的外乡群体，其势力也将延伸至整个岛屿。

为了弥补自己的正统性，诺曼底公国出身的国王们和他们的安茹继任者利用亚瑟王传奇，将自己的系谱树神秘化，从而越来越接近凯尔特人这一被认为使用魔法的第二大文明。

作为血统纯化原动力的亚瑟王传奇体系

亨利一世（1068—1135 年）手下的历史学家若弗鲁瓦·德·蒙慕特（Geoffroy de Monmouth）是亚瑟王传奇体

系的核心人物，这一体系在金雀花王朝的统治下取得了长足的进步。依靠由蒙慕特升华后的亚瑟王传奇故事，诺曼人得以强调自己的正统性和他们之于盎格鲁-撒克逊人的优越性，正如斯莱特林利用萨拉查的传奇来巩固他们关于纯血统的理论。

萨拉查·斯莱特林是霍格沃茨四位创建者中唯一被赋予欧洲大陆姓氏的人，他在真实历史中很可能是一位追随克努特大帝（995—1035年）登陆英格兰东部的维京人。克努特这位丹麦国王短暂地当了一阵子英格兰国王，娶了诺曼底的爱玛（威廉一世的某位姑祖母）为妻，从而在政治上将诺曼底、英格兰和丹麦统一起来。他还是丹麦斯汶一世（986—1014年在位，人称"思凡八字胡王"）的儿子。在《哈利·波特与密室》中，斯莱特林被称为"蛇佬腔"；此外，胡子也是斯堪的纳维亚男人和凯尔特人的典型特征，象征着力量和荣誉[48]，而J. K.罗琳把这一特征用在了邓布利多和斯莱特林身上——"一把稀稀拉拉的长胡须几乎一直拖到袍子的下摆……"[49]虽然斯莱特林没有八字胡，但他拥有分叉的"八字舌"[50]。

令这一历史假设更为可信的是，拉文克劳学院大约成立于993年[51]，而丹麦军队最后几次进攻大约发生在991

年，只是他们并未能在英格兰东北部建立起真正的公国。

宾斯教授曾提到这一混乱的历史时期，而当年霍格沃茨三位拥有盎格鲁-撒克逊人姓氏的创建者都积极维护麻瓜和麻瓜出身的巫师，这进一步印证了那段历史。

蛇佬腔的邪恶起源

J. K. 罗琳将这种语言称为"蛇佬腔"，以便与斯莱特林的象征保持一致，这一细节不可忽视。

蛇佬腔是蛇的语言，而蛇中之王——"蛇怪"代表着"打倒一切对其不敬者的皇权"[52]。"……（中世纪）后，德国人将蛇怪作为一种装饰物……我们可以在1905年亨利八世的铠甲上看到这种装饰，铠甲如今保存在伦敦塔中。"[53]

在英格兰历史上，这在盎格鲁-撒克逊人看来似乎是一种黑暗和充满敌意的语言。

这种语言就是法语。

法语最初于1066年由征服者们引入，作为一种诺曼贵族的语言，直到中世纪末，都只有英格兰皇室在使用它。公文则用拉丁文来书写（魔咒也是）。后来，金雀花王朝又引入了另一种法语，即奥克语，这要归功于阿基坦的埃莉诺，她是英格兰王后（1154—1189年在位），也是亨利二世的妻子。

亨利二世的母亲是玛蒂尔达皇后（1101—1167年），外曾祖父是征服者威廉一世。玛蒂尔达皇后嫁给安茹的若弗鲁瓦五世（1113—1151年）时，诺曼人对安茹人充满敌意，称后者是女妖莫卢西娜[54]（Mélusine）的后代。女妖莫卢西娜是"撒旦的女儿，曾嫁给一位安茹伯爵"[55]。在1392年让·达拉斯的版本里，雷蒙旦（莫卢西娜的丈夫）在周六的夜里发现自己的妻子赤身裸体躺在一座池塘中。在她的肚脐下方，原本是腿的地方长出了一条"巨大的蛇尾"。

金雀花家族在诺曼人眼中就是撒旦的后代，莫卢西娜每周六的夜里都会变成一个巨大的半蛇人。值得注意的是，让·达拉斯笔下的莫卢西娜生活在普瓦图（Poitou），那里是埃莉诺和狮心王理查（1157—1199年）的家乡[56]。

狮心王理查和无地王约翰之间的对立：斯莱特林和格兰芬多对立的映射

安茹的国王们也要将自己的执政合法化，亚瑟王传奇似乎是最佳手段。这一传奇流传至整个欧洲，亚瑟王和桂妮维亚[57]的墓碑也于亨利二世统治期间在格拉斯顿伯里（Glastonbury）被人发现[58]，当时，狮心王理查已经拥有了圣剑（Excalibur），而这把剑与戈德里克·格兰芬多的剑极为相似。

当然，金雀花王朝历史上的这一细节只服务于王朝的史诗，而非其真正的历史。不过，与自己的弟弟无地王约翰相反，理查对皇权并无甚兴趣[59]。不知 J. K. 罗琳借用这段历史是否为了打造戈德里克·格兰芬多这一角色——他与斯莱特林为敌，而后者作为一位狂热分子，痴迷于权力，完全就是现实中的无地王约翰。

沃尔特·司各特（Walter Scott），一位伟大的苏格兰学者、历史小说家，其作品深深地影响了罗琳[60]，因此，上述对立关系十分值得深入研究。在其作品《艾凡赫》（Ivanhoe）中，无地王约翰依靠诺曼贵族夺取政权，而此时已出发东征的狮心王理查只能指望一小部分盎格鲁-撒克逊贵族的忠诚来对抗未来的约翰一世国王。

狮心王理查拥有一把传奇宝剑，被描述为一个骁勇高贵的战士，身上佩戴红底金狮纹章，捍卫受到压迫的盎格鲁-撒克逊人。而这个形象正好与维护麻瓜的好汉戈德里克·格兰芬多的形象相契合。至于无地王约翰，人们认为其侄子——布列塔尼的亚瑟遇刺是他所为，而他又无法巩固自己的统治和王位的正当性，这让人不禁联想到因未能实现自己的政策主张便弃霍格沃茨而去的萨拉查·斯莱特林。这场对决的双方，一边是斯莱特林的诺曼纯血统和约翰的诺曼男爵领地，另一边则是身披荣耀光环的盎格鲁-撒克逊人的捍卫者理查和维护麻瓜的格兰芬多。

狮心王理查宽阔的肩膀上搭着一条高贵的红色披风[61]，而约翰这位国王则身着绿衣，而且还在诺福克（Norfolk）的沼泽里遗失了皇冠上的珠宝。而萨拉查·斯莱特林正出身于这片沼泽。

值得注意的是，后世对无地王约翰的评价也与斯莱特林十分相似：二人都被指责曾试图镇压人民；历史将二人都定性为叛徒、脱离社会之人、贪恋权势之人。此外，二人还嗜暴成性、不值得信赖。不过，斯莱特林和无地王约翰却无意中促进了一种相对民主的社会诞生。

萨拉查·斯莱特林：一位盎格鲁-诺曼君主

所有斯莱特林，或者更确切地说，萨拉查·斯莱特林本人,很可能就是"哈利·波特"世界里君主制度和皇权的写照。

他的蛇佬腔仅在英格兰皇室使用,岛上其他居民对其都难以理解;他的胡子就是凯尔特权力的象征;他的蛇怪就是他的王冠——主要的王位标识和君主权力的标志。

如果他未能完成自己"高贵的事业"[62]怎么办?那就由他的继承者来接班。继承者,这是一个君主制色彩浓厚的词语,仅次于"保皇党人"。

从 J. K. 罗琳的文章来看,这就意味着,伏地魔作为斯莱特林的继承者,也是君主制度的代表,而马尔福、诺特、莱斯特兰奇、布莱克、塞尔温、特拉弗斯等众多家族则是诺曼人的后代,他们聚集在伏地魔身边,正如他们的祖先拥护着威廉一世一般。

斯莱特林学院的学生们因而算是盎格鲁-诺曼贵族的代表。

可是,我们如何确定伏地魔就是英格兰君主的代表或者后代呢?为了回答这个问题,我们就要再花些时间研究几个历史人物,他们虽然在国家历史中扮演着关键角色,却鲜为人知。

随着都铎家族登上王位,玫瑰战争的硝烟散去,一同结束的还有英格兰的中世纪。都铎王朝的开启敲响了英格兰君主政治博弈中亚瑟王传奇的丧钟。都铎家族出身威尔士,是凯尔特人家族的后代。这一家族的上台结束了两家表亲(约克和兰开斯特)之间无数次联姻引发的继承之争。

不过,我们真正感兴趣的,也是重点要分析的对象,是这样一个人,他凭一己之力分别在玫瑰战争前后将约克和兰开斯特公爵联合在一起,却与他们不是同时代人。他就是金雀花王朝爱德华三世(1312—1377年)和埃诺的菲莉帕的第三子:冈特的约翰(1340—1399年)。

5

冈特的约翰：
从"兰开斯特家族"到"冈特家族"

✂

冈特曾经是弗兰德伯国的首府，曾迎来送往过多位欧洲历史上的高光人物，查理五世（1500—1558年）就出生于冈特，路易十八于1815年拿破仑的百日王朝统治期间也在冈特避难。

冈特经常受到英法冲突的裹挟，是百年战争的始发地。1340年1月26日，国王爱德华三世和他的妻子埃诺的菲莉帕入驻这座城市。菲莉帕当时身怀六甲，同年3月6日在圣巴翁（Saint-Bavon）修道院生产，该修道院距爱德华三世自称法兰西和英格兰国王的大广场仅数百米之遥。为了达到最佳效果,法兰西百合花占据了国王新纹章的左上角和右下角。这便是百年战争的开端,也是它的目的:两个皇冠戴在同一人头上,两个纹饰出现在同一枚徽章上,两个继任者争夺同一个王位。

3月6日是冈特的大日子。英格兰皇后诞下第三子约翰。同自己的两个兄弟——安特卫普的莱昂内尔(1338—1368年)和兰利的埃德蒙(1341—1402年)一样,在获得爵位前,他的名字里也包含出生的城市——冈特的约翰。1362年,他被父亲封为兰开斯特公爵。

虽然冈特的约翰从未登上英格兰的王位,但1399年以后所有的英格兰国王和1437年以后所有的苏格兰国王都是他的后代。他是王朝真正的中流砥柱,是他通过自己的血脉使约克家族和兰开斯特家族联合起来。约克家族和兰凯斯特家族互相残杀近30年(1455—1485年),以家族纷争的名义致使民众陷入内战,而这场纷争最后以一场正式的表亲联姻告终。

表亲联姻并不是皇室专属,而是盛行于整个盎格鲁-诺曼贵族之间。顺着纯血统巫师和诺曼人的逻辑,我们就会理解为什么("哈利·波特"系列中的)冈特家族"以不安分和暴力出名，由于他们习惯于近亲结婚，这种性格特点一代比一代更加显著"[63]。不过，这是否足以得出结论，认定伏地魔母亲所属的冈特家族是英格兰王朝在巫师世界中的写照？梅洛普和莫芬的斜视是否对应着金雀花王朝的亨利三世（1207—1272年）和他的儿子爱德华一世（1239—1307年）因眼部肌肉和神经问题而出现的眼睑下垂？也许是，也许不是。

当魔法法律执行队队长鲍勃·奥格登[64]向伏地魔的祖父马沃罗·冈特做自我介绍时，后者问奥格登是否为纯血统，仿佛纯血统就能让他免受魔法部的传唤，因为据奥格登称，他的儿子莫芬"违反了巫师法"[65]。马沃罗却莫名其妙地向奥格登展示起自己的荣誉，即斯莱特林的挂坠盒和黑宝石（也就是我们熟知的复活石）戒指，这并非为了证明自己的无辜，而是意在证明自己的优越性。这种近乎皇室意味的至高无上，让人感觉马沃罗认为自己能凌驾于法律之上，就像中世纪的英格兰君主不承认"他的"国会通过的各项条款一样。也正是出于这一原因，他拒绝以"平民"身份前往魔法部。哈利很清楚，在马沃罗·冈特的逻辑中，"拥有纯血统就意味着身份高贵"[66]。此外，奥格登也反驳冈特称，他的祖先与本次谈话毫无关系。[67]

莫芬和他的父亲最终受到了威森加摩的审判，而这一机构的灵感正是来源于我们之前已经提到过的贤人会议——国王哈罗德和未来的威廉一世之间冲突的起源。这真是命运和历史的双重讽刺。

在这场对话中，我们见证了两个社会阶层之间的对抗。一个是历史久远的纯血统阶层，另一个代表着政治权力，负责执行法律。在《哈利·波特与死亡圣器》第13章"神秘的里德尔"中，邓布利多在孤儿院见到了汤姆，并告诉他，他不能凌驾于法律之上："每一位新来的巫师都必须接受，一旦进入我们的世界，就要服从我们的法律。"[68]

我们从马沃罗口中得知，他的家族祖上有两支：一支是佩弗利尔家族，一支是萨拉查·斯莱特林。佩弗利尔家族在英格兰历史上是真实存在过的。威廉一世在1086年编制的《末日审判书》（*Domesday Book*）在某种程度上就是人口普查的前身，其目的在于记录新的土地和庄园拥有者，以评估应支付给国王的税费。人名的旁边标注着居民，特别是盎格鲁-诺曼贵族的财务和祖产收入。在这些人中，我们可以看到威廉姆·佩弗利尔（William Peverel，在某些资料中也作"Peverell"），一位很可能追随威廉一世参加过黑斯廷斯战役的诺曼骑士。这里再一次出现了马尔福家族的历史，其中包括第一位登陆的诺曼人阿尔芒。同他一样，威廉姆也是威廉一世的近亲，根据《末日审判书》记录，他在征服英格兰后获得了162座庄园。因此，佩弗利尔是贵族，而且是一个非常古老的诺曼家族，正如罗琳在书中所描写的那样。苏格兰历史小说家沃尔特·司各特因其传世之作《艾凡赫》（1819）和《湖上夫人》（*Dame du Lac*, 1810）而闻名于世，他在创作《山巅的佩弗利尔》（*Peveril of the Peak*, 1823）时也借鉴了这一家族的历史。佩弗利尔家族是威廉一世的后代，也算是有些许皇家血脉。至于（"哈利·波特"系列中的）冈特家族的祖先斯莱特林一支，问题的答案则在冈特的约翰身上。法语作为蛇佬腔，被冈特家族出于恶趣味故意在混血巫师面前使用，以彰显他们的不同和优越感，因为只有斯莱特林以及邓布利多所说的"伟大和高贵的巫师"才会讲蛇佬腔[69]。不过法语的问题我们暂且不谈。冈特的约翰在英语中被称为"John of Gaunt"。这一次，前面的巧合和牵强的推测变成了供我们证明之用的真正论据。

冈特家族在小说中出现的次数同冈特的约翰在历史上出现的次数具有同样的性质：少，但关键。冈特家族是萨拉查·斯莱特林最后幸存的后代，因此只有他们才能完成祖先"高贵的事业"和进入密室，在那里，作为王权象征的蛇怪只服从于最初主人的继承者发出的"咝咝"呼唤。

冈特的约翰是金雀花王朝的人物，仅凭自己便使这一具有诺曼血统的新英格兰君主国得以存续下去。他的血液流淌在来自约克家族和兰开斯特家族以及随后的都铎王朝的国王身体里。他正符合"哈利·波特"系列中部分冈特家族成员的形象：他们虽然只是过客，却不经意间将家族遗留的影响传承了下去，让后世子孙对此毫不犹豫地加以利用。[70] 此外，冈特的约翰是金雀花王朝的成员，因此他也被神话成了蛇妖莫卢西娜的后代。

在守法方面，冈特的约翰因贪恋权力而出名，意图从自己的侄子——波尔多的理查（未来的理查二世）手中夺取王位。"好法院"（Bon parlement，法语）尤其惧怕他。[71] 他与最高法院为敌，但未能动摇王位，也未能伤害到自己的侄子，后世认为他是一位野心极大的贵族[72]。然而，历史学家丹·琼斯则反对这种观点，将他描述成一个在1376年手握重权但仍效忠王室的英格兰人。[73] "虽然在1376年的风暴后，他与下议院和解，但他的动机和能力仍然受到很多人的质疑。"[74] 冈特的约翰和斯莱特林之间的相似性因此不言而喻，斯莱特林本人及斯莱特林学院的学生们在格兰芬多、拉文克劳和一部分赫奇帕奇眼中也是同样的形象。

在了解了最高法院和金雀花国王们之间的关系后，我们就会明白马沃罗·冈特为何不愿屈从于魔法部的政治权力。同之前的安茹国王和都铎国王一样，马沃罗也唯祖先马首是瞻。女儿令他蒙羞，他担心女儿变成哑炮。当他得知女儿梅洛普爱上了一个麻瓜后，在他眼里她就成了一个"血统的叛徒"。

马沃罗不愿看到自己这一支斯莱特林纯血统的后代消失，而他本人和两个子女就是这一血统仅存的几个在世后裔。这正呼应了国王的顽固信念和他们对孕育王室血统后代的需要。

冈特的约翰的重孙爱德华四世（1442—1483年）身上也有与伏地魔的母亲梅洛普·冈特极其相似的地方。爱德华是约克家族的成员，是金雀花王朝最年轻的一支。他夺取了英格兰的王位，但没有依照中世纪英格兰的传统娶一位法国公主为妻，而是娶了一位个性要强的英格兰姑娘。伊丽莎白·伍德维尔属于绅士阶级（gentry），即英格兰的小贵族阶级，没有皇室血统。整个国家对二人的结合褒贬不一。他们后来生了7个女儿和3个儿子。

这段婚姻受到多方质疑,还有流言称当时身为英格兰王后的伊丽莎白·伍德维尔(1464—1483年在位)使用魔法迷住了爱德华四世。1484年,最高法院颁布了一项法令——《王室权利》,撤销了爱德华四世和伊丽莎白的婚姻,因为爱德华四世曾经郑重宣誓会娶寡妇埃莉诺·塔尔博特夫人为妻。而他和伊丽莎白的子女也被宣布为私生子,因而失去了继承王位的机会。

我们怎能不联想到梅洛普呢?根据各种可能性判断,她应该是使用迷情剂令一个麻瓜,也就是小汉格顿村乡绅家的儿子老汤姆·里德尔投入了她的怀抱。据邓布利多说,老汤姆回到村子后,声称他被"欺骗"或者"蒙蔽"了。"我想,他的意思一定是说他中了魔法,现在魔法已经解除了。"[75]这场冒险正好呼应了爱德华四世王室关于伊丽莎白·伍德维尔的传言。至于爱德华四世与埃莉诺·塔尔博特夫人的婚约,老汤姆·里德尔也曾许诺与一个叫塞西利娅的姑娘成婚,并且亲切地称她为"亲爱的"[76]。回顾历史,爱德华四世的母亲,即冈特的约翰的孙女,名叫西塞莉·内维尔(Cecile Neville, 1415—1495年)。

老汤姆·里德尔抛弃了已怀有身孕的梅洛普。马沃罗也不承认这个女儿,过着一种仿佛她从未存在过的晚年生活。梅洛普不认同父亲的价值观,她想要嫁给自己真正所爱的男人。在这一点上,她代表着20世纪后半叶不断增强的英国贵族的现代意识。她在这方面与爱德华八世(1936年1月—1936年12月在位)十分相像,后者为迎娶一位离异妇女而不惜放弃王位。她的性格中也完全没有任何保守的成分,因为她后来毫不犹豫地卖掉了自己"贵族"祖先的挂坠盒。

冈特家族的姓氏消失了,但是他们的血脉,即斯莱特林的血脉,却始终流淌在一位混血巫师的身上:他就是汤姆·里德尔。金雀花王朝成员冈特的约翰也联结着他的父亲爱德华三世国王、斯图亚特王朝、都铎王朝,以及最近的汉诺威王朝和伊丽莎白二世女王所代表的萨克森-科堡-哥达王朝。

从金雀花王朝到都铎王朝的历程,对应着"冈特老宅"[77]在"里德尔府"[78]阴影下逐渐消失的过程。都铎王朝的建立者亨利七世只从母亲一边继承了皇室血统,这将他同"金雀花王朝联系起来,但是他父亲的家族与皇室没有血缘关系"[79]。汤姆·里德尔也属于同一种情况。不过,同亨利七世一样,这并未妨碍他彰显自己的优越性。里德尔打开密室,利用蛇佬腔控制蛇怪,并像威廉一世一样将其一众拥趸归于自己麾下。

前文曾经提到,在虚构的作品中,马尔福家族陪伴在威廉一世左右;而在历史上,佩弗利尔家族可能也曾参加了远征。威廉一世和伏地魔之间的相似之处毋庸置疑。

因此,我们将在第二部分中讨论汤姆·里德尔和伏地魔在英格兰历史上的第二自我。

【注释】

1. 奥古斯丁·梯叶里（Augustin Thierry），《诺曼人征服英格兰史：原因及其至今对英格兰、苏格兰、爱尔兰和欧洲大陆的影响》（*Histoire de la conquête de l'Angleterre par les Normands de ses causes et de ses suites jusqu'à nos jours en Angleterre, en Écosse, en Irlande et sur le continent*），巴黎，Furne et Cie，第九版，1851。
2. J. K. 罗琳，《哈利·波特与密室》，第 211 页。赫敏指的是斯莱特林和哈利之间的血缘关系，因为哈利曾使用蛇语同一条蛇对话。我们将在后文中详述这一问题。
3. 指发生于 1066 年的一场外族入侵英国事件，自此开启了诺曼王朝（1066—1154 年）对英国的统治。——编者注
4. 同样，21 世纪初，就已经有人针对巫师会社和一个"已经过时的大不列颠"所具有的相同的保守性质提出质疑，如理查德·亚当斯（Richard Adams），《古怪的魁地奇》（*Quidditch quaintness*），《卫报》，伦敦，2003 年 6 月 18 日。
5. J. K. 罗琳，《马尔福家族》（*The Malefoy family*），载 J. K. 罗琳著《巫师世界：哈利·波特的官方家庭》。
6. 弗朗索瓦·讷夫（François Neveux），《诺曼人的冒险》（*L'Aventure des Normands*），巴黎，Perrin，"时间"丛书，2009，第 166 页。
7. 见"第四章：英格兰的征服者威廉"第 154 号注释，第 133—172 页，出处同上，第 277 页。
8. 改写自《亚瑟王与凯尔特人社会》（*Le Roi Arthur et la société celtique*），让·马尔卡（Jean Markale），巴黎，Payot，1994，第 156 页。
9. 克里斯蒂安-约瑟夫·吉永瓦尔克（Christian-Joseph Guyonvarc'h），弗朗索瓦·勒鲁（François Le Roux），《凯尔特文明》（*La Civilisation celtique*），巴黎，Éditions Payot & Rivages，"Petite biblio Payot Histoire"丛书，2018，第 103 页。

10. 出处同9，第103页。

11. 出处同9，第103—104页。

12. 出处同9，第106页。

13. 让·马尔卡，《亚瑟王与凯尔特人社会》，第156页。

14. 以使得他们可以"追猎美貌的精灵"为例，由让·马尔卡引用，载《亚瑟王与凯尔特人社会》，第291页。

15. 克里斯蒂安-约瑟夫·吉永瓦尔克，弗朗索瓦·勒鲁，《凯尔特文明》，第219页。

16. 此处指霍格沃茨魔法学校。

17. J. K. 罗琳，《哈利·波特与火焰杯》，巴黎，Gallimard Jeunesse，2005，第152页。

18. 克里斯蒂安-约瑟夫·吉永瓦尔克，弗朗索瓦·勒鲁，《凯尔特文明》，同上，第221—223页。

19. J. K. 罗琳，《哈利·波特与凤凰社》，巴黎，Gallimard Jeunesse，2003，第235页。

20. J. K. 罗琳，《哈利·波特与密室》，第162页。

21. 出处同20，第211页。

22. 此处为笔者对弗朗索瓦·讷夫原文的解述，《诺曼人的冒险》，第13页。

23. 雷吉·布瓦耶（Régis Boyer），《维京人：历史、神话、词汇》（*Les Vikings: Histoire, Mythes, Dictionnaire*），巴黎，Robert Laffont，"Bouquins"丛书，2008，第733页。

24. 雷吉·布瓦耶，《维京人：历史、神话、词汇》，第735页。

25. 出处同24，第735页。

26. 罗贝尔-雅克·蒂博，《北欧和日耳曼神话与符号词典》，巴黎，Dervy，"Dervy poche"丛书，2009，第365页。

27. 出处同26，第366页。

28. 米歇尔·帕斯图罗（Michel Pastoureau），《绿色：一种颜色的历史》（*Vert:*

Histoire d'une couleur），巴黎，Seuil，2013；Points Histoire，2017，第 71 页。

29. 米歇尔·帕斯图罗，《一段西方中世纪符号史》（*Une histoire symbolique du Moyen Âge occidental*），巴黎，Seuil，"21 世纪书业"，2004 年；Points Histoire，2014，第 107 页。

30. 此处为笔者对米歇尔·帕斯图罗原文的解述，出处同上，第 108 页。

31. J. K. 罗琳，《哈利·波特与密室》，第 126 页。

32. 出处同 31，第 126 页。

33. 在这方面，法国历史学派伟大创始人之一奥古斯丁·梯叶里在其著作《诺曼人征服英格兰史：原因及其至今对英格兰、苏格兰、爱尔兰和欧洲大陆的影响》中介绍过盎格鲁–撒克逊人和诺曼人之间的历史敌对关系。

34. J. K. 罗琳，《马尔福家族》，载 J. K. 罗琳著《巫师世界》。

35. 即血人巴罗。——译者注

36. J. K. 罗琳，《马尔福家族》，载 J. K. 罗琳著《巫师世界》。

37. Pottermore 是 J. K. 罗琳女士于 2011 年 8 月推出的围绕"哈利·波特"系列书籍内容而建立的一个大型全球性网页社交网站。——译者注

38. J. K. 罗琳，"纯血统"，载 J.K. 罗琳，《巫师世界》，同上。详见：https://www.wizardingworld.com/writing-by-jk-rowling/pure-blood。

39. 载"Surname DB：网络姓氏数据库"（Surname DB, The Internet Surname Database），2017。详见：https://www.surnamedb.com/Surname/Prewett。

40. 本表中姓氏的词源来自在"Surname DB：网络姓氏数据库"的查询结果。详见：https://www.surnameb.com。

41. J. K. 罗琳，"第六章：高贵的最古老的布莱克家族"，载《哈利·波特与凤凰社》，第 115—140 页。

42. J. K. 罗琳，"霍格沃茨的幽灵"，载 J. K. 罗琳，《巫师世界》。详见：https://www.wizardingworld.com/features/hogwarts-ghosts。

43. 已经有人从词源的角度做过这一对比。见史蒂夫·范德拉克（Steve

Vanderark)和让娜·基姆西(Jeanne Kimsey)的文章《威森加摩》(*Magenmagot*),载《哈利·波特词典》(*Le lexique de Harry Potter*)。

44. 笔者将在论述霍格沃茨制度地位的第三部分中分析两词的相似性。

45. 托马斯·查特顿,"罗利诗篇——古腾堡计划电子书"(*The Project Gutenberg EBook of The Rowley Poems*),载《古腾堡计划》(*The Project Gutenberg*)。详见:http://www.gutenberg.org/cache/epub/13037/pg13037-images.html。

46. 罗贝-尔雅克·蒂博,《北欧和日耳曼神话与符号词典》,第325页。

47. 忏悔者爱德华是英国的盎格鲁-撒克逊王朝君主(1042—1066年在位),因为对基督教无比虔诚,被称作"忏悔者",或称"圣爱德华"。——编者注

48. 让·马尔卡,《亚瑟王与凯尔特人社会》,第50页。

49. J. K. 罗琳,《哈利·波特与密室》,第321页。

50. 即蛇信,隐喻斯莱特林会说蛇语。——译者注

51. J. K. 罗琳,《探秘霍格沃茨幽灵们的生与死》(*The secret lives and deaths of the Hogwarts ghosts*),载 J. K. 罗琳,《巫师世界》,详见:https://www.wizardingworld.com/features/the-secret-lives-of-the-hogwarts-ghosts。

52. "蛇怪(神话)",见 Wikipédia, l'encyclopédie libre,维基媒体基金会,2003。

53. 阿尔方斯·欧凯利·德·加尔韦伯爵(Comte Alphonse O'Kelly de Galway),《徽章学的考古与释义词典》(*Dictionnaire archéologique et explicatif de la science du blason*),贝尔热拉克,1901,见 Wikimedia Commons(licence),《纹饰徽章》(*Au blason des armoiries*),2005—2015。

54. 关于女妖莫卢西娜的故事和传说在各地有不同的版本。例如,在武旺(旺代省)流传的女妖莫卢西娜的故事来自让·达拉斯(Jean d'Arras)在《莫卢西娜或吕西尼昂的伟大故事》(*Mélusine ou La Noble*

Histoire de Lusignan），由让‑雅克·维森西尼翻译，巴黎，Le Livre de Poche，"Lettres Gothiques"丛书，2003年版。

55. 丹·琼斯（Dan Jones），《金雀花王朝》（*Les Plantagenêts*），第27页。

56. 米什莱（Michelet）认为莫卢西娜就是阿基坦的埃莉诺的化身。

57. 桂妮维亚（Guinevere），又称格温娜尔、格尼薇儿、桂妮维尔，是西方传说中亚瑟王的王后，因为与兰斯洛特的私情而饱受舆论谴责，最终成为修女。——编者注

58. 亚瑟王和桂妮维亚是否真的葬在墓中，这一点并无证明。大部分历史学家认为，这只是亨利二世的一个政治战略，其目的是扼杀对亚瑟王回归的期望。亚瑟王从此便化身为一个渴望统一领土的皇室形象。

59. 理查在其10年统治时间里，只在英格兰生活了6个月。

60. 笔者将在下一章中详细阐述这种影响。

61. 见狮心王理查身着十字军骑士服的著名肖像，作者为玛丽·约瑟夫·布隆代尔（Merry Joseph Blondel），1841，凡尔赛宫。

62. J. K. 罗琳，《哈利·波特与密室》，第328页。

63. J. K. 罗琳，《哈利·波特与混血王子》，巴黎，Gallimard Jeunesse，2005，第237页。

64. 奥格登也是美国犹他州北部一座城市的名字。

65. J. K. 罗琳，《哈利·波特与混血王子》，第230页。

66. J. K. 罗琳，《哈利·波特与死亡圣器》，巴黎，Gallimard Jeunesse，2007，第459页。

67. 出处同66，第232页。

68. J. K. 罗琳，《哈利·波特与混血王子》，第304页。

69. 出处同68，第307页。

70. J. K. 罗琳，《密室》，载J. K. 罗琳著，《巫师世界》，详见：https://www.wizardingworld.com/writing-by-jk-rowling/chamber-of-secrets。

71. 冈特的约翰曾设法宣布最高法院（parlement）违宪，从而废除了最高

法院颁布的所有法律文书。尽管如此,民众还是对这一具有改革精神的法院充满敬意,并称之为"好法院"。——译者注
72. 值得指出的一点是,这是斯莱特林巫师的一个典型特征。
73. 丹·琼斯,《金雀花王朝》,第548页。
74. 出处同73,第552页。
75. J. K. 罗琳,《哈利·波特与混血王子》,第239页。
76. 出处同75,第234页。
77. J. K. 罗琳,《哈利·波特与火焰杯》第10章标题,"冈特老宅",第7—20页。
78. J. K. 罗琳,《哈利·波特与混血王子》第1章标题,"里德尔府",第7—20页。
79. 莉莉安·克莱特(Liliane Crete),《都铎王朝》(*Les Tudors*),巴黎,Flammarion,"田野"(Champs)丛书,2017,第16页。

第二部分

伏地魔与专制主义

"我们源于魔鬼,也将终于魔鬼。"

> ——狮心王理查如是说,由威尔士的杰拉尔德记述于《论君主的教育》(*Instruction du prince*,1192—1218),第三卷,第 27 页 [1]

"家族将不复存在。我高贵的祖先——萨拉查·斯莱特林的徽章、盾牌和旗帜,对所有人来说都足够了。"

> ——伏地魔 [2]

有必要强调的一点是，J.K.罗琳在设计冈特家族[3]、里德尔家族和布莱克家族成员时使用了文字游戏。涉及家族姓氏的章节题目中都使用了"家族"（maison）这个法语词汇，可细想之下，该词可能是一语双关。"家族"一词确实包含家族谱系之意，但在历史编纂学的语言中，该词总是指"朝代"。不过，马尔福、冈特甚至布莱克家族的成员都仅将自己视为家族而已；只有小天狼星除外，他声称自己的家族坚信"身为布莱克家的人，天生就有皇室身份……"[4]

现在，我们已经了解了冈特家族、里德尔家族和马尔福家族的起源，是时候审视一下伏地魔了。关于这个人物，有多种不同解读和分析。我们在分析中将特别关注几位英格兰君主。为便于理解，笔者所举的例子将按这几位英格兰国王所属的年份和朝代顺序出现。

6
从里德尔到伏地魔

里德尔和威廉一世这两种角色都是标志性的。前者是巫师世界的公敌，贪恋权力，散播恐惧，消灭反对者，目的是完成祖先的事业，满足个人和家族的野心；后者则被自己的人民视为侵略者、篡位者，初到伦敦便开始利用恐惧统治国家，封诺曼贵族为郡主、庄园主和高官，使之成为男爵、郡督、大臣、参事等。总之，他将拥趸聚在自己身边，令其宣誓效忠。

里德尔与私生子威廉相像，而伏地魔则像征服者威廉。然而，无论是私生子还是征服者，威廉就是威廉。至于里德尔，无论他名叫汤姆还是伏地魔，谁在乎呢？邓布利多最先意识到，伏地魔的主要性格特征在他 11 岁的时候就显现出来了。

同威廉一世一样，汤姆·里德尔也是混血儿。威廉一世是诺曼底公爵宽宏的罗贝尔一世（1027—1035 年在位）和情妇埃尔莱夫的儿子，其绰号"私生子"也由此而来。他虽然不喜欢这个绰号[5]，但与里德尔的情况完全不同，里德尔不喜欢自己的名字[6]，更不喜欢自己的姓氏[7]。

后世称私生子威廉为"征服者"。瓦尔斯沙丘战役（1047 年）后不久，他的混血背景便成了往事。在那场战役中，私生子威廉面对的是合谋攻击他的诺曼底列强。战后他便建立了强有力的政权，赶走了反对者。在前往英格兰的远征中，威廉一世身边围绕着一些出身高贵并且看起来值得信任的人，这些人日后在他的引导下成了他真正的仆人。1046—1066 年间，威廉一世令他们宣誓效忠，并规定其职责之一便是协助和支持他。在这些人里，既有公爵家族出身的贵族，也有"自豪于家谱上有维京祖先，但与公爵家族毫无关系的"[8]庄园主。

不过，威廉一世对老百姓却表现得十分残暴无情。卡昂[9]的居民就曾经目睹过那些嘲笑威廉一世平民出身的人被砍断手脚。[10]

同样，里德尔在16岁就以"伏地魔"自称。正如我们在"哈利·波特"系列的第6部中所见，他16岁时杀了其他最后几名家族成员，并开始搜集关于魂器的资料。也是在六年级时，里德尔把几位拥趸聚到自己身边，向他们讲述了自己的家族谱系。

哈利注意到，里德尔"希望别人看出他是斯莱特林的后代，因为他当时不能自己炫耀这一点"。对此，斯拉格霍恩的记忆又提供了进一步的说明。里德尔宣称"政界并不适合他"，随后又补充说他"没有背景"。哈利接着看到"旁边的两个男孩相视而笑"[11]。这一刻的默契十分重要，它让我们明白里德尔早就向二人告知了自己的家族谱系。当然，他并未透露自己的混血身份。作为斯莱特林的嫡传子孙，这就意味着伏地魔是真正的纯血统，甚至是皇室血统。政治？斯莱特林的继承者不能涉足政治，其身份远高于政治游戏和整个政治体系的段位。可以说，在伏地魔看来，通过选举才能获得权力，这是完全无法想象的。因为权力刻在他的骨子里，他天生就该获得权力。使用蛇佬腔、控制蛇怪和能打开密室正是拥有权力的表现，而伏地魔也为这些权利赋予了义务，因为在他看来，完成斯莱特林未竟的事业才是最重要的。

1066年,威廉一世在利勒博纳(Lillebonne,位于法国)集结了自己最信任的封臣和参事,召集他们为自己在瓦尔斯沙丘战役后建立的皇权出力。同样,伏地魔也召唤了追随者,并曾令其立誓:"为什么这帮巫师已经宣誓矢志不渝地效忠主人,却一直不为主人施以援手呢?"[12]确实,封建法规定,附庸必须协助自己的领主。威廉一世同伏地魔一样,在改名前后利用封建法为自己服务。因为里德尔在离开霍格沃茨之前,身边便已聚集了一些"高贵的"巫师,"他们是食死徒的前身"[13]。但是,同中世纪的很多封臣一样,如果封建大贵族感觉势头不对,也会打破效忠的誓言。威廉一世作为少数派成员时,就发生了这种情况。大大小小的诺曼贵族试图谋杀威廉一世,以成为诺曼底公爵领地的新领主。伏地魔也十分清楚,自己不少的追随者在他消失期间也会毫不犹豫地背叛他:"这些人溜回我的敌人中间,说自己是无辜的,不知情……或许他们现在已经效忠别人了……说不定就是那个下里巴人的头目,那个泥巴种和麻瓜的保护人,阿不思·邓布利多。"[14]

知识窗

封建法

臣从宣誓（hommage），同宣誓效忠一样，指的是在某个典礼上一人同另一人形成附属关系时应完成的仪式，表示臣属（vassalité）。通常，拥有封臣身份的都是男爵、贵族等。所有人都要以唯一的君主（国王）为中心，而这属于一种由臣从宣誓形成的契约。封臣要在领主面前跪下，将自己的手放在对方的手中。这就是付手礼。之后便是一系列仪式用语，封臣说："我成为您的人。"领主命他起身，并赋予其一个封建主的亲吻。9世纪起，宣誓效忠将承诺变为一种道德约束。封臣手抚圣器，向其领主宣誓效忠。

臣属契约要求双方履行义务。封臣为领主效力，领主保护封臣。封臣应随时准备为领主赴死，如果封臣没有死心塌地地效忠，领主对其有生杀大权。

相反，如果封臣宣誓效忠的领主去世，则宣誓失效。

> 封臣可向另一位领主宣誓效忠并为其效力。某些食死徒相信被赋予了"领主"头衔的伏地魔已死,他们不就是这么做的吗?
>
> 11世纪起,臣属关系越来越随形势和利益而变。从很多希望从领主那里获得赏赐的食死徒便可见一斑。

我们很容易联想到盎格鲁-诺曼的男爵领地制度,特别是1215—1217年间发生的男爵叛乱。男爵们背叛了国王——无地王约翰,转投了法兰西国王。马尔福一家就如同诺曼的男爵。J.K.罗琳曾写道,马尔福一家于1066年随威廉一世登陆英格兰,其名字本身就有"邪恶的信仰"之意。诺曼人被视为觊觎王位、庄园和各郡的恶人。至于马尔福一家,他们不断运用手腕,一点点接近政治权力机构,即魔法部;而一旦"国王"恢复势力,就又跑回来继续卑躬屈膝。马尔福一家就象征着中世纪的盎格鲁-诺曼男爵:一群机会主义者。

讷夫指出,威廉一世不能流放所有在他失势后叛变的诺曼贵族和男爵。他对待反叛分子的态度不一,特别是对势力最大的几位封臣。讷夫称其他低级别反叛分子(但绝不是伏地魔口中普通的"下里巴人")没有接受任何形式的审判便被杀死。[15]这种区别对待很容易令人联想到伏地魔,他利用最无足轻重的追随者,比如奇洛教授、小矮星彼得这些人来实现自身利益,并最终必使其难逃一死。食死徒与1066年的战士们没有本质上的区别。邓布利多称,这些"食死徒的前身"中,"弱者为寻求庇护,野心家想沾些威风"[16]。1066年入侵的诺曼人所要的,是威廉一世为促使他们作战、助其夺取英格兰王位而许诺的一切。伏地魔在小汉格顿墓地中的表现也是如此。他召集自己的信徒,确保其忠诚,并提醒他们已许下誓言,并且在获胜后,这些信徒将得到无限权力,届时只有荣耀能与之匹敌。不过,伏地魔只是想完成斯莱特林的事业,以及——同威廉一世一样——实现个人野心。被其利用的追随者都算不上朋友。与路易十四(1643—1715年在位)相同,威廉一世比任何人都清楚,贵族不值得信任,他们只受个人利益驱动。无地王约翰在其统治末期就在这一点上栽了大跟头。威廉一世、路易十四和伏地魔身边都围绕着贵族,但他们厌恶贵族,纯粹出于需要才与贵族共事。

在结束本章之前,我们有必要再分析一下1086年的《末日审判书》。威廉一世死前希望了解整个王国的情况,于是向全国各地派出参事、在俗教徒、教士等,以掌握居民财产状况和土地占有情况,并据此确定税费。威廉一世的这种行政意识令我们联想到伏地魔。伏地魔在任命辛克尼斯为魔法部部长后,也令其通过一个特别委员会来统计麻瓜出身的巫师情况,讯问他们并核实其身份。麻瓜出身的巫师受到的迫害,与第二次世界大战期间的犹太人所受的相同,这一点不容忽视。

下面就要说到犹太人历史上鲜为人知的黑暗一页。8世纪,犹太人就遭到了欧洲大陆各国的敌视和打压。1275年,爱德华一世表决通过的限犹法令导致了犹太人的"大规模被捕"。教皇洪诺留四世命令,基督教徒不得与这些被定性为"该下地狱且奸诈的"[17]人发生任何关系。

麻瓜出身的巫师就好比一直处于被轻视地位的犹太人。为让这点成为现实,伏地魔利用的正是堪比征服者威廉和亨利二世的行政手段和法律武器。

7
波特夫妇的牺牲

✂

金雀花王朝的亨利二世在其统治末期变得越发暴虐,极其不愿与他人分享权力。亨利二世曾经最好的朋友——坎特伯雷大主教托马斯·贝克特(Thomas Becket)支持罗马教廷,反对亨利二世的政治活动。世俗权力和宗教权力因而陷入了一场意识形态和政治的无情对决。

我们再次把历史回溯到1170年的圣诞节。亨利二世暴跳如雷,怒发冲冠,在众臣面前喊道:"怎么回事!我养了这么多懦夫,竟然没有一个能为我报复一下那个可耻的教士!"[18](这句话通常被误传为"没有人能为我除掉这个惹麻烦的牧师吗？"[19]）当时在场的几位骑士立即照做，于12月29日夜暗杀（不如说是斩首）了坎特伯雷大主教。

国王闻讯，悲痛不已，将自己关在房里，连续三天不见人、不说话，茶饭不思，也不敢去教堂。一直有传言称，国王身边的人十分担心他的健康。[20]是的，国王很不幸。大部分历史学家一致认可他的诚心。在亨利二世统治初期，贝克特是其最亲密的朋友。一方面，国王助他登上坎特伯雷大主教之位，也就是英格兰罗马教会中的第二把交椅。另一方面，是贝克特在威斯敏斯特教堂为国王祝圣，与约克大主教对抗。他可以随意加强和削弱国王的世俗权力。贝克特是一位非常正直并且忠于罗马教廷的大主教。亨利二世解除了贝克特的大法官职务，以便教会能支持其专制统治；然而贝克特并不打算放弃自己的信仰。1164年，亨利二世打算限制神职人员的权力，二人于是爆发了冲突。贝克特拒绝签署《克拉伦敦法典》（Constitution de Clarendon），这便为后来的结局拉开了序幕。

国王偏执、嫉妒心强、贪恋权力，不愿承认朋友背叛了自己，转而支持罗马教会的事业并破坏自己在国内的政治活动。国王希望贝克特成为傀儡，后者实际上却是他的"犹大"。

这段故事因其悲伤色彩而闻名于世，如今仍为很多作品改编，而它也让我们联想到斯内普和伏地魔的关系。

伏地魔信任斯内普，将斯内普派到霍格沃茨，打算让斯内普成为间谍，为其刺探邓布利多各种活动的消息。同当时很多食死徒一样，斯内普也要证明自己。于是我们从特里劳妮教授口中得知，斯内普在到处找工作。[21] 不过，斯内普和亨利二世国王的骑士一样，也犯了一个错误。他不知道的是，在汇报预言第一部分的时候便将自己钟爱一生的女人推入了死亡的深渊。从马丁·奥雷尔的描述来看，斯内普与杀死贝克特的骑士并无二致："他们没能在内战期间为斯蒂芬国王[22]效力，同时又要进一步表明自己当下忠于安茹家族，因此表现得更为热忱。"[23] 波特夫妇被害后，斯内普倒戈。此后，斯内普为伏地魔"效力"时，就要"表明自己当下忠于邓布利多"。

如果斯内普听了全部预言并能解读特里劳妮的话，詹姆和莉莉就不会死。同样，国王的骑士们过分热忱，误解了国王的那句话。斯内普的悔恨之情不亚于亨利二世，这位魔法药水之王也沉浸在悲痛之中，与国王一样以苦行赎罪。

伏地魔则可以视为统治末期的亨利二世的化身。他无法忍受世上竟存在一个能与之对抗的敌人。预言指明，还存在一个二号人物，一个"拥有征服黑魔头能量的人"。伏地魔杀死了詹姆和莉莉，还试图杀掉哈利。莉莉阻止了伏地魔，为了儿子牺牲了自己，而詹姆也"死得其所"。贝克特被杀时，在场教士们的证言也令我们相信，这位大主教早就料到，国王的手下对他有诸多不满。"他们的证言十分一致：托马斯自愿走上了必死之路。"[24]伏地魔已经准备放弃谋杀莉莉了；骑士们也给过贝克特一线生机，其言谈间多少有些尖酸刻薄。

伏地魔想消除威胁，而在这个过程中他失去了所有力量，波特夫妇也为此殉难了。贝克特的遇害震动了整个欧洲，教皇亚历山大三世下令将整个王国逐出教会。亨利二世不得不放弃改革。这位一心想要巩固政权的国王最终失去了权力，使教会坐收渔人之利。

波特夫妇遇害时并未放弃自己的信仰，二人的死导致斯内普转换了阵营。同样，教皇亚历山大三世将国王逐出教会的命令，在民众中也掀起了一股仇视国王的大潮。

不得不承认，贝克特的死与邓布利多的死存在某些相似之处。这两个人都知道自己大限将至，但并不打算逃避死亡。相反，皮埃尔·欧贝向我们讲述了贝克特的亲信索尔兹伯里的约翰做过的几个梦,他"预感到托马斯似乎醉心于一种危险而崇高的渴望,想要加快结局的到来"[25]。邓布利多和贝克特并非不知道自己结局已定。二人选择继续与杀害自己的人交谈,而不是想办法让他们冷静下来。同样,两起谋杀都受到了杀手各自主人的"委托"。伏地魔对邓布利多的忌惮,同亨利二世对贝克特的畏惧是一样的。坎特伯雷教区是政治和战略要地,正如霍格沃兹在魔法部眼中的地位。在这方面,《哈利·波特与凤凰社》和《哈利·波特与死亡圣器》都向我们展示了霍格沃茨是怎样一个货真价实的权力地带。

此外,当斯内普在伏地魔的授意下被任命为霍格沃茨校长时,亨利二世不知不觉地在身边安插了一个傀儡,以便在关键时刻改变主意,阻止此人建立詹姆斯二世(1685—1688年在位)的那种绝对君主制。

8

议会的控制

❈

斯图亚特王朝结束了都铎王朝的统治,于1603—1714年统治英格兰。正是在斯图亚特王朝的统治下,英格兰人民经历了最初的"现代"革命。光荣革命(1688—1689年)结束了詹姆斯二世的统治,这位国王与路易十四关系密切,曾试图在英格兰建立绝对的神权君主制。但他的企图以失败告终,并导致了《权利法案》(1689年)的通过。

同伏地魔一样,詹姆斯二世用了将近3年的时间夺取政权。当时,整个王国的大部分人都是虔诚的新教徒,然而詹姆斯二世毫不掩饰自己的天主教信仰。信仰英国国教"是一切公职就业的先决条件"[26]。这种状况令人联想到 18 世纪犹太人的处境：允许多种信仰并存简直不可设想。历史学家贝尔纳·考特莱认为，"詹姆斯二世并不掩饰他希望所有臣民都成为天主教徒的想法，同时又强调自己支持信仰自由，反对教会约束"[27]。

J.K. 罗琳曾表示，霍格沃茨是允许多种信仰并存的非世俗学院。还有什么比宗教和君主制更"非世俗"呢？铁打的君主制，流水的国王。伏地魔宣布废除霍格沃茨的分院制时，就如同希望强迫臣民信仰天主教的詹姆斯二世。自亨利八世改革以来，全体王国臣民，包括议会，都十分敌视天主教。同样，野心勃勃、自视甚高又故步自封的斯莱特林，也受到了巫师群体中其他成员和霍格沃茨其他学院的炮轰。

伏地魔想恢复纯血统的绝对优势，并像詹姆斯二世那样提升祖先的形象。詹姆斯二世上台前，君主制曾一度消失，国家进入了"王位空位期"，即某种专制共和国的状态。詹姆斯二世的哥哥查理二世（1660—1685 年在位）成功恢复了英格兰的君主制。在这方面，伏地魔的意图与查理一世（1625—1649 年在位）及其两个继位的儿子——查理二世和詹姆斯二世——不无相似之处。这些君王希望身边都是信仰天主教的贵族，这与金雀花王朝的君主们对盎格鲁-诺曼男爵的态度并无二致。詹姆斯二世集结拥趸，对抗议会，对反对其计划的王室高官进行大清洗，并成立了符合自己心意的议会。和詹姆斯二世相比，伏地魔又有什么不同呢？

1689年，《国际保密法》通过（于1692年获得批准）。同年，威廉三世（1689—1702年在位）为登上王位被迫接受《权利法案》。1689年是英格兰历史和魔法历史的一个转折点。这也是巧合吗？当然不是。威廉三世加冕时，即向议会妥协，承诺遵守《权利法案》。这便是君主向议会制和法律妥协的开端。格林德沃希望巫师们走出阴影，不该再隐藏自己，也不该继续妥协于1689年的《国际保密法》。在伏地魔看来，巫师面对麻瓜时应保持优越感。然而在伏地魔掌权期间，并没有明确的言辞称巫师不应继续对"下里巴人"隐瞒身份。伏地魔试图用恐惧统治麻瓜世界，但无意暴露巫师世界的存在。格林德沃渴望的是全面翻盘，伏地魔则只希望部分翻盘。之所以说"部分"，是因为伏地魔并不掩饰自己在巫师世界内推行专制主义的意图。在把麻瓜出身的巫师驱逐出巫师世界这一问题上，正是这种社群主义支撑了伏地魔的论点。而这种驱逐又令人联想到欧洲对犹太人的驱逐,以及宗教改革期间对天主教徒的驱逐。

如果说伏地魔是一个极权领袖,或者说披着巫师外皮的希特勒,他为什么不直接向魔法部发号施令?卢平解释说,他"用不着……他实际上就是部长……他的傀儡辛克尼斯处理日常事务,让伏地魔得以把势力延伸到魔法部之外……躲在幕后却能造成迷惑、猜疑和恐惧"[28]。最后这句话暗示了一种极权制度。不过,在治理的艺术和方式方面,伏地魔认为自己凌驾于政治博弈之上。这种权力观及其"傲慢、优越感、为自己在魔法史上占取惊人地位的决心"[29]切实反映出伏地魔是一位肉体和权力皆神圣不可侵犯的国王。这种肉体和权力,是政治权力看不见的,遑论触及了。这也是伏地魔像查理一世和詹姆斯二世控制议会那样控制魔法部的一种方法。

我们知道,J.K.罗琳在整部小说中一直在虚构与现实之间建立联系,国王十字车站就是一个很好的例子,但这种联系还远不够完美。巫师世界和麻瓜世界之间的互动,在《哈利·波特与混血王子》的第1章"另一位部长"中呈现得更加清晰。英国首相和魔法部部长之间的会面包含了诸多细节,对此的解读也是多种多样。首先,无论是与女王的单独会面，还是在首相与女王每周的会晤期间，魔法部部长都出现在首相办公室而非白金汉宫，这绝非偶然。英国君主不代表三权（行政、立法、司法）中的任何一权，是一国之君，也是英国圣公会的最高领袖。在宪法层面，君主代表国家的连续性，而且即便英国政府名为"女王陛下政府"，但这个陛下并无任何直接权力。

"魔法部部长只在执政的麻瓜首相面前暴露身份……我们认为这样最有利于保持深藏不露。"[30] J. K. 罗琳在此承认，首相执掌国家利益，这在英国国家宪法实践中确实如此。但是，在女王每周于白金汉宫接见在任首相时，对整个会晤起控制和引导作用的是魔法部部长。

麻瓜的政治权力暴露在魔法之下。斯克林杰活像一头"老狮子"（这本是丘吉尔的绰号），他告诉我们，首相的助理部长中了夺魂咒。因此，伏地魔想要削弱的，实际上是建立在议会模式基础上的整个政治权力。

作品中之所以未描述君主制度，是因为只有伏地魔有恢复君主制的想法。正如卢平所说，"巫师没有王子"[31]。斯莱特林的纹章作为该学院唯一的标志，体现的是对专制制度的认可。这样一来，J. K. 罗琳所期望的那个多信仰并存的霍格沃茨就不复存在了。

知识窗

英国的宪法模式

威斯敏斯特议会制度，又称内阁制政府制度，17—18世纪在英国确立。该制度建立在一部以习惯著称的宪法的基础上。

政府（即内阁）对下议院负责。作为对这种政治责任的交换，政府有权解散下议院。

在威斯敏斯特议会制度中，只有国家元首，即君主，在政治上不负任何责任。政府对国家元首颁布的法令自行承担相应责任。

这种制度的特殊性在于，首相在其中居于核心地位，地位高于两党组阁政治框架内的其他成员。在这种政治框架下，君主立宪制得以存续，国王统而不治。

即便国王放弃否决权，影响也并不大，因为国王可以单独就某些法案向首相发表意见，并有针对性地拒绝某些法案。

首相是政府首脑，君主则是国家首脑。由于首相是下议院选举出的多数党的首领，因此君主不能反对政府首脑的任命。故首相是唯一能与君主对话的人，是政府和国王之间、政府和议会之间唯一的对话人。首相作为政府首脑，必须组阁，该政府名为"女王陛下政府"。

在首相和君主每周会晤期间，由首相来汇报王国内务情况。笔者个人认为，这是首相按惯例间接在君主面前行使的一种程序，类似于"政府问答"的周例会。

9

魂器的神秘主义象征

✳

寻觅、灵魂、死亡、哀悼、永生和承诺，这些概念在整部小说中随处可见，是小说情节的一部分。

伏地魔和年轻时的邓布利多一样，也追求永生。但和邓布利多不同，伏地魔认为结果可以证明手段的正当性，而且他也不考虑自己的行为是否有悖道德。这是两个人最大的区别，哈利在国王十字车站最后一次与邓布利多交谈时也提到了这一点[32]。

圣杯同魂器或者死亡圣器一样，可以带来永生。前往圣地东征的十字军骑士们企图得到圣杯，以防其落入非基督教徒之手。如今，圣杯仍然是人们寻觅的对象，并且催生出很多传奇故事，也激发了不少作家的灵感。中世纪的大部分欧洲统治者都曾觊觎圣杯，试图建立凌驾于其他统治者之上的权威，并获得罗马教廷的恩典。

伏地魔是一个踏上征服世俗和宗教权力之路的人物，因为他拒绝死亡，自认为是活在人间的神，而且最具有讽刺意味的是，他还在一块墓地里向自己的信徒吹嘘这一点[33]。此外，伏地魔在小汉格顿村墓地复活时，哈利曾向邓布利多汇报过伏地魔说的话："我比任何人都更接近长生不死。"[34]当哈利和邓布利多发现，伏地魔制造的魂器可能不止1个，而是7个时，邓布利多一下就想起了这句话。而且在中世纪，数字7"意味着全部，甚至圆满"[35]。

伏地魔仿佛完成了一次前无古人的寻觅，就像人类对圣杯的追寻一般，然而圣杯和拉文克劳的金冕一样，没有人知道它到底长什么样子。

进一步分析，我们会发现，魂器具有双重象征意义：一方面，它象征着君权的属性；另一方面，它象征着只有上帝才拥有的永生。

伏地魔同历代君主一样，将一种信仰附于过去的圣物上，这些圣物便体现和象征着君王的权势。国王们以自己的祖先、纹章和血脉为傲,以此担保即位和掌权的正当性。伏地魔是"高贵的萨拉查·斯莱特林"的继承者,他也不外于这条法则。邓布利多很清楚这一点,所以他才能猜到哪些物品可能封存着伏地魔的一部分灵魂。更何况,伏地魔本来就"喜欢搜集纪念品,喜欢法力强大且有历史意义的物品。伏地魔的骄傲、优越感及其为自己在魔法史上占取惊人地位的决心"[36]令邓布利多相信,这些魂器是伏地魔精心挑选出来的。

同国王们一样,伏地魔也很依赖自己无比高贵的祖先,仅他的日记就证明此人确实是斯莱特林的后人,也是唯一能完成斯莱特林开创之事业的人。

冈特家族的戒指上镶嵌着佩弗利尔的纹章,这同样具有身份认同的意义,虽身份不同,但与斯莱特林那一支同样高贵。不过,除身份认同外,戒指也要作为一种象征物来分析。

加冕礼上,君王要佩戴一枚戒指,以彰显皇室崇高的地位。戒指与其他王权象征物一样,作用是体现至高无上的权力。

挂坠盒比任何东西都更像圣物,因为它属于萨拉查·斯莱特林本人,而且由其后人代代相传。不过,可以猜测它象征着圣油瓶，里面的圣油用于给英格兰王国的国王和王后加冕。

此外，"蛇怪"（Basilic）一词从词源上来看象征着"国王，王权"（Basileus），但蛇怪并没能成为魂器。可以推测，伏地魔选择纳吉尼作为魂器实属无奈之举，而且他连格兰芬多的宝剑都没弄到手，尽管他确实尝试过寻找格兰芬多的遗物。[37]

我们可以猜到，这隐喻着伏地魔追寻永生失败了，因为他缺少至高权力的终极象征——格兰芬多宝剑，这是最主要的王权象征物之一。这把剑代表正义和军权，对应的正是格兰芬多学院的职能。因此，只有一件王权象征物才能摧毁另一件王权象征物。

除教宗宝冠之外，冕无疑是君主戴在头上的王冠。1820年，英格兰为乔治四世国王加冕制作了一顶华贵的王冠。而最后一个佩戴它的人是伊丽莎白二世女王，她在自己的加冕礼上佩戴了这顶王冠。

赫奇帕奇的金杯不正是最高级的战利品吗？不正是基督最后一次饮水时使用的圣餐杯吗？赫奇帕奇的金杯和拉文克劳的金冕，都是教皇的标志，伏地魔用它们来强化自己的神秘性。然而，有必要补充一点：在凯尔特神话中，金杯还是最高权力的象征，通常掌握在一位女性手里。

除了这些有着强大历史和魔法背景的基督教和皇室特征的圣物外，本属正统斯莱特林血脉的伏地魔作为未来的君主，应该也在霍格沃茨创始人的遗物中寻找着其他的正统性物件作为补充。

在政治史上，尤其是在金雀花王朝和都铎王朝时期的英格兰，君主总是设法神化圣物，或者国家历史上某个名人的物品，以此来满足其正统性情结。诺曼人眼中的忏悔者爱德华就是一例，他被视为统一英格兰的建立者；安茹人眼中的亚瑟王也是如此；安茹人后代（尤其是爱德华二世和爱德华三世）眼中的圣乔治，以及都铎王室眼中的布鲁图斯[38]——大不列颠岛第一位传奇国王。

国家的建立总以日后成为史实的事件为基础。这些事件随后变为传说，最终成为神话，就像霍格沃茨成为由魔法史上四位伟大巫师创建的圣地一般。

【注释】

1. 引自《金雀花帝国》(*L'Empire des Plantagenêts*),马丁·奥雷尔(Martin Aurell),第 7 页。
2. 引自《哈利·波特与死亡圣器》,J. K. 罗琳,第 781 页。
3. 她曾承认梅洛普和莫芬这两个名字也非随意之举。
4. J. K. 罗琳,《哈利·波特与凤凰社》,第 130—131 页。
5. 皮埃尔·布埃(Pierre Bouet),《黑斯廷斯,1066 年 10 月 14 日》(*Hastings, 14 octobre 1066*),巴黎,Tallandier,"*Texto*"丛书,2014,第 16 页。
6. J. K. 罗琳,《哈利·波特与混血王子》,第 305 页。
7. "难道你认为,我要一辈子使用我那个肮脏的麻瓜父亲的名字?"引自《哈利·波特与密室》,J. K. 罗琳,第 329 页。
8. 皮埃尔·布埃,《黑斯廷斯,1066 年 10 月 14 日》,第 29 页。
9. 卡昂(Caen),法国北部城市。——译者注
10. 弗朗索瓦·讷夫,《诺曼人的冒险》,第 149 页。
11. J. K. 罗琳,《哈利·波特与混血王子》,第 545 页。
12. J. K. 罗琳,《哈利·波特与火焰杯》,第 577 页。
13. J. K. 罗琳,《哈利·波特与混血王子》,第 402 页。
14. J.K. 罗琳,《哈利·波特与火焰杯》,第 577 页。
15. 此处为笔者对弗朗索瓦·讷夫原文的解述,《诺曼人的冒险》,第 139 页。
16. J. K. 罗琳,《哈利·波特与混血王子》,第 402 页。
17. 丹·琼斯,《金雀花王朝》,第 337 页。
18. 原文中为斜体。
19. 丹·琼斯,《金雀花王朝》,第 92 页。另有人说,"亨利二世有一天曾说道,他养的是一群叛徒,因为男爵中没有一个人能帮他除掉托马斯"。——马丁·奥雷尔,《金雀花帝国》,第 275 页。
20. 此处为笔者对皮埃尔·欧贝(Pierre Aubé)原文的解述,《托马斯·贝

克特》(*Thomas Becket*),巴黎,Fayard,1988,第 314 页。

21. J. K. 罗琳,《哈利·波特与混血王子》,第 599 页。

22. 斯蒂芬(1096—1154 年),是诺曼王朝的最后一位英格兰君主。1153 年,安茹伯爵亨利率军登陆英格兰,在经过几场战斗后,亨利与斯蒂芬达成协议。1154 年斯蒂芬驾崩后,亨利即位(称亨利二世),金雀花王朝开始。——编者注

23. 马丁·奥雷尔,《金雀花帝国》,同上,第 280 页。马丁·奥雷尔参阅的是 N. 樊尚应在主教会议上就杀害托马斯·贝克特的凶手作出的报告,载哥廷根学术讨论会论文集(2000 年 9 月),见《金雀花帝国》脚注,马丁·奥雷尔,第 348 页。

24. 马丁·奥雷尔,《金雀花帝国》,第 280 页。

25. 皮埃尔·欧贝,《托马斯·贝克特》,第 309 页。

26. 贝尔纳·考特莱(Bernard Cottret),《英格兰历史:从征服者威廉到今天》(*Histoire de l'Angleterre. De Guillaume le Conquérant à nos jours*),巴黎,Tallandier,"*Texto*" 丛书,第 268 页。

27. 出处同 26,第 273 页。

28. J.K. 罗琳,《哈利·波特与死亡圣器》,第 226 页。

29. J. K. 罗琳,《哈利·波特与混血王子》,第 555 页。

30. 出处同 29,第 13 页。

31. 出处同 29,第 373 页。

32. J. K. 罗琳,《哈利·波特与死亡圣器》,第 762 页。

33. 值得一提的是,这块墓地是整部小说中少有的几个基督教场所之一,甚至可能是唯一出现的基督教场所。

34. J. K. 罗琳,《哈利·波特与混血王子》,第 552 页。

35. 米歇尔·帕斯图罗,《中世纪动物寓言集》(*Bestiaires du Moyen Âge*),巴黎,Points Hsitoire,2020,第 89 页。

36. J. K. 罗琳,《哈利·波特与混血王子》,第 555 页。

37. 出处同 36，第 556 页。
38. 据传说，布鲁图斯（Brutus）是不列颠的第一位国王，也是希腊神话中埃涅阿斯的后代。他带领着各地为奴的特洛伊遗民来到了不列颠岛，并以自己的名字命名，将其族人称为"不列颠人"。——编者注

第三部分

霍格沃茨与英格兰王国的建立

"霍格沃茨是一所学校,
不是康奈利·福吉办公室的前哨基地。"

——《预言家日报》报道中的马克班斯夫人语,
见"魔法部寻求教育改革多洛雷斯乌姆里
奇被任命为第一任高级调查官"[1]

我们从《哈利·波特与混血王子》中得知，国家由两股政治权力相互影响，国家机构中有两种体制。两种政治，两种权力，两个同样被去神圣化的形象，受到相同的政治压力，面对相同的政治博弈。这一切都发生在同一个社会中。巫师生活在我们这些麻瓜看不到的地方，但巫师仍然可以进入麻瓜的世界，给这个世界造成创伤，伤害这个在同一片土地上的平行社会。这是一种真正意义上的"两头政治"[2]，无论从其政治含义还是社会含义上看，都是如此。

英国的巫师世界是国中之国，还是一个完整国家？都不是。它是国家的一个机关。此外，魔法部的制度酷似英国的宪法制度，这很有意思。魔法部，以及历史来源十分明确的威森加摩（我们已经知道它源自贤人会议），这二者对应的是议会——议会如今由首相控制，在宪法和政治层面都被削弱了。因为英国议会在行政权面前的政治势力已大不如前，如今掌握最高领导权的是作为多数党首领的首相。魔法部只是与首相平级的机构。

在英国，行政领导人（即首相）负责指挥伊丽莎白二世女王陛下政府的行动，政治上对议会负责，相当于多数党选出的最高行政机构。这一两句话足以帮助公民理解，首相拥有行政权和立法权，同时也是女王陛下的政治代表；议会针对其领导人的法案进行投票，没有任何权力可言；女王则拥有政府班子，每周与首相会晤，在一旁观望政治活动。那么巫师世界也是如此吗？并不是。

我们刚提到了首相和魔法部部长之间的两头政治。"哈利·波特"系列中的魔法部部长和霍格沃茨校长之间也存在着另一种明显的两头政治。这种关系在《哈利·波特与凤凰社》中被大大概念化，在除《哈利·波特与魔法石》外的其他几部中也曾出现。我们在此不必讨论细节，但还是要记住，前文提到的坎特伯雷主教教区在英格兰王国中有着重要地位。霍格沃茨是一个标准的机构，J.K. 罗琳自己也强调过这一点，称它是"一个多信仰并存的非世俗机构"。君主国是非世俗的；政治是多信仰并存的。这都是事实。然而，霍格沃茨不正代表着英格兰从 11 世纪到 1689 年《权利法案》通过前的君主制社会吗？

随着威廉三世的掌权，1689 年标志着议会在宪法和政治层面达到鼎盛时期，也标志着英格兰君主被彻底削弱了。在"哈利·波特"系列中，1689 年是巫师隐藏身份的开端（参见上文）。因此，魔法部可以说类似于 1689 年后的麻瓜政治权力机关，而 1689 年之前魔法部的存在与这一理论也不冲突，因为早在 1215 年，随着盎格鲁-诺曼男爵迫使无地王约翰接受了《大宪章》(Magna Carta),英国议会制便随之出现了。上文中曾讲到君主制试图通过伏地魔和斯图亚特王朝复兴,但这还不够。

霍格沃茨不只是一所学校。同米尔内尔的看法正相反,霍格沃茨并不是一所第三共和国治下的学校。硬要说它像,那也仅仅表现为下述这一点:向年轻的巫师们反复灌输"国家"价值观与原则,使其能够适应社会和集体生活。然而,霍格沃茨首先是中世纪英格兰王国和社会的写照,当时的集体生活是十分艰难的。另外一个与米尔内尔所言相悖的事实是,巫师世界中也存在权力分立。巫师学校保障并参与了这种分立,尽管权力分立也确实无法一直保障巫师世界免于专制主义、政变和安全威胁。[3]

J.K.罗琳并未明确描述魔法部在该制度下扮演的角色,但根据整部小说中累积起来的信息以及环环相扣的剧情,可以得出结论:魔法部与首相以女王名义管理的女王陛下政府并无太大不同,首相其实就是魔法部部长本人。在《哈利·波特与凤凰社》中,政治博弈如火如荼,魔法部部长失去多数党的信任后立刻下台,令英国的麻瓜议会制度如愿以偿。

不过,还是要按J.K.罗琳的定义来看待霍格沃茨:一家多信仰并存的非世俗机构。此外，还应从组织和功能的角度考虑地理范围、文化和学校的作用。在这方面，通过分院制形成的学院体系，对应了当时的等级制度，也恰好反映出中世纪和当代的社会状况。从这一角度来说，霍格沃茨就是一家多信仰并存的非世俗机构，下文中的分析也可以应用于所有历史时期。

10
四大学院与等级制度

✼

在此,等级制度指的是中世纪社会的组织方式。该词最初用于讨论构成印度人的四个阶级(即种姓制度)[4],它首先指的是一个孤立的、与其所属民族脱节的社会阶级[5]。

在西方国家,等级制度下的继承权问题显得多少有些过时。

英国的两院制将国会分为下议院和上议院。1999年以后,上议院通过了取消世袭贵族上议院议员资格的议案。上议院又分为两个阵营——宗教阵营(神职人员)和世俗阵营(贵族)。从本质上说,这两个阵营遍布英格兰王国。

宗教权力既高于世俗权力,又与世俗权力并行,君主和人民都要服从于宗教权力。

在这一点上,英国巫师世界里的霍格沃茨举足轻重。在政治制度和社会层面,霍格沃茨都对巫师社会有着重大影响,这一点就体现在学校的四大学院上,它们反映的正是英格兰王国的社会和组织结构。

这四大学院代表了不同的社会阶层,并在英国巫师世界中扮演着关键角色,体现的是当代社会的框架。

正如前文所述,斯莱特林代表贵族阶级,并因此遭到其他几个学院的嫌恶。J. K. 罗琳似乎是在尝试重现一场争论,这场争论在 21 世纪仍为英国人所关注。上文曾提到贝叶墓地门口的铭文和沃尔特·司各特对罗琳的影响。《艾凡赫》也许是因罗宾汉而出名,但它同样也因作者本人的博学而被视为杰作。作者将撒克逊人和诺曼人之间的种种仇恨呈现于纸上,两大民族入主不列颠岛还不到一个世纪。11 世纪末,诺曼人并非岛上唯一的贵族。征服者威廉是从韦塞克斯王朝,即盎格鲁-撒克逊贵族手中接过王权的。[6]因此,在诺曼人入侵后,同一片国土上出现了两大相互对抗的贵族。随着诺曼人不断推进,盎格鲁-撒克逊贵族逃往苏格兰王国,并混入了曾经流放至此的凯尔特人中间。

霍格沃茨的每位创始人都代表着社会的一部分，他们共同构成了一个单一国家。斯莱特林学院由贵族和出身高贵的政客（比如世俗上议院的议员）构成。罗伊纳·拉文克劳招纳贤才，即那些乐于学习又热衷教育的人。因此，拉文克劳学院拥有顾问、医生、专家出身的高级官员、文人、科学家、历史学家、作家。他们接近权力中心，却对权力毫无兴趣，而是致力于向身边之人和独自治理之人传授知识与观点，不求回报。格兰芬多学院主要对应社会中的安保力量，这个学院中的学生渴望保护他人，甚至不惜冒生命危险。赫奇帕奇学院看上去与拉文克劳十分相近，实则不然。该学院的人也是劳动者，但既不属于学者，也对知识无甚兴趣。他们属于其他一部分人，即"中产阶级"，也就是劳动者的阶级。分院帽曾经暗示过这一点："其余的人都为好心的赫奇帕奇所接收，她把自己的本领向他们倾囊相授。"[7]

21世纪，这四个阶级依然存在。

11
赫奇帕奇学院的起源

✼

赫尔加·赫奇帕奇（Helga Poufsouffle）的名字源于古日耳曼语中的hailagaz，哥特语为hailags，挪威语为heilagr，盎格鲁-撒克逊语为halig，现代德语为heilig，英语为holy，瑞典语为helig[8]，冰岛语为heilagur。所有变化都与神圣事物有关。Heilagur意为"祝圣的、神圣的"；再加上andi，就变成了法语中的"圣灵"。这样一来，赫奇帕奇的幽灵生前是一个修士[9]也就不足为奇了。埃吉尔·斯卡德拉格里姆松的冰岛传说[10]中出现了一个叫赫尔加的人，她是bóndi（冰岛语，指斯堪的纳维亚半岛上拥有土地并亲自耕种的自由农民）的女儿。bóndi 还是"能工巧匠……能从事人类社会所熟知的三种专门职业，即法学家、医生和'教士'（包括异教的 goði[11] 和基督教教士）"[12]。成为法学家和医生的 bóndi 也被称为"laeknir[13]，既指医师和外科医生，也指魔法师"[14]。大部分 bóndi"都是（从事养殖或种植的）农民"[15]，依附于一个由他们自己选举出来的首领。[16]

以上就是赫奇帕奇学院的全部特点。冰岛传说中的赫尔加是 bóndi 的女儿，而从定义上来看，bóndi 应该属于忠诚的劳动者，经引导可从事帮助他人的职务；而在埃吉尔·斯卡德拉格里姆松笔下，赫尔加的父亲是一位自由的 bóndi，一位劳动者，对自己的首领固然要保持忠诚，但始终享有一定的权利。

不过，赫奇帕奇学院不仅仅代表劳动者。"勤奋劳动"[17]这一特点并非赫奇帕奇专属，而且被划为劳动者的那批人并非总能摆脱其社会地位，为了生存只能满足于拥有基本权利和平等，而这些正是赫尔加·赫奇帕奇希望为未能进入另外三个学院的人提供的保障。对小说中的一些次要人物，J. K. 罗琳很喜欢"安排"他们的祖先出现在某些重要历史事件中，或赋予其某个与人物发展过程相符的历史名人姓氏。例如，上文提到的赫尔加与"祝圣、神圣"有关；赫奇帕奇学院的幽灵是一个修士；另外，学院的两位级长，汉娜·艾博（Abbot，法语中为"abbé"[18]）的姓氏属于"二十八圣"中的一位高级教士，即1562—1633年在世的坎特伯雷大主教；还有麦克米兰，这一姓氏最早属于苏格兰的亚历山大三世的某位近亲，以及生活在13—15世纪的某位骑士。

因此，基督教无论是天主教、新教还是英国国教，确实在小说中有所体现。有些人会立刻历数"哈利·波特"系列中那些基督形象[19]，不过，赫奇帕奇学院起源的逐步演变已足以向我们证明，英国巫师社会中确实存在宗教权力。

至于整部小说中多次出现的梅林，J.K.罗琳曾表示他被分到了斯莱特林[20]。我们在21世纪认识的那个梅林，竟然是斯莱特林学院的标志性人物，这实在有些出人意料。我们不得不再次回溯历史，才能理解这种分派的意义。梅林并不总是以帮助凯尔特人抵御撒克逊人入侵的面目示人。他的学院归属还得在其人格和社会空间中寻找原因。梅林有时被称为"伟大的哲学家"[21]，有时又被认为是"巫术"[22]专家。斯蒂芬·托马斯·奈特（Stephen

Thomas Knight)则在梅林身上看到了知识与权力的对立。[23]此外,梅林也因其亚瑟王顾问的身份而与王室走得很近,他向亚瑟王"有力地证明,国王本人,或者说军队首领,如果没有获得宗教权力或者魔力的支持和认可,是不掌握任何实权的"[24]。读到这里,就能知道赫奇帕奇学院对斯莱特林学院来说有多重要了。关于忠诚和为政治权力提供支持的基本概念,在中世纪政治历史中得到了归纳和展现,梅林就是这一概念在史诗和"哈利·波特"系列中的化身。

不过,赫奇帕奇的品质并非总能得到另外三个学院的认可,因为赫奇帕奇的忠诚游移不定,就和历史与小说中某些人物的信仰与利益时常变动一样。赫奇帕奇在迫切需要政治权力时,并不总能把握好正确的站位。无独有偶,梅林既能团结,也能分裂:他既无处不在,又无处可寻。而梅林叛逆的性格,也是最令人讨厌的斯莱特林的典型特征。不过,J.K.罗琳还是强调了该学院特别是梅林的社会功用。梅林因为对麻瓜出身的巫师所持的立场而被同学院的学生孤立,某些描绘梅林传奇人生的故事中都说到了这一点。梅林之所以会毫不犹豫地改变立场,并非出于个人或政治上的机会主义心态,而是出于其因博学而不断演化的信仰的力量。梅林推翻了既定的规则。这让人不禁想起邓布利多口中萨拉查·斯莱特林所看重的品质:"足智多谋,意志坚强……还有某种对法律条规的藐视……"[25]

在中世纪欧洲,大部分西方国家的宗教权力曾一度由民众掌握,用来引导民众践行和遵守宗教法则从而寻求灵魂的救赎。这些宗教法则要么充当法律,要么作为君主所颁布法律的补充,还与世俗权力——国王及其"议会"行使的政治权力相对立。国王拥有上帝的力量,并且上文提到的坎特伯雷教区之重要性也可见一斑。该教区是由一个名叫艾博的人暂时管理的,这位艾博令我们联想到汉娜,汉娜其人在后面一章中还会再探讨。

总之,无论"下等人"还是政治权贵,都要忠于上帝。有时,君主们会毫不犹豫地对抗王国的教士(甚至是教皇本人)以强行实施自己的意愿,即便他们应对上帝保持忠诚。至于普通教士和修道院院长,这些人在很长一段时间里由国王直接任命,国王以此来确保这些人对他的忠诚。教会后来在整个欧洲禁止了这种做法,但英格兰却抗命不从。

赫奇帕奇既要对教会忠诚,也要对贵族和王室忠诚,因此代表的是过去和今天的中产阶级，在以前是指受天主教教会管制的 bóndi、自耕农和自养农；从 16 世纪起，又包括受英国国教会管制的农民、工人和靠忠诚与勤奋才能生存下去的中产阶级人士。

12
拉文克劳学院的起源

拉文克劳学院成立于993年[26]，招收学者，利用其知识和脑力推动社会进步。拉文克劳学院的成员通过传播研究成果、知识和观念来助长或约束政治权力，而这些研究成果、知识和观念原本只是一些合乎道德的简单工具。例如，研究过去不就是要让执政者避免重蹈覆辙吗？研究、批判、文化对统治者来说都是双刃剑，因为民众对君主的不足和失控行为了解得越多，就越不愿为其投票。因此，拉文克劳服务的对象是民众的权力和执政的艺术，即国家利益。拉文克劳学院的人甚至可能是四大学院中最客观的一批人，一心只为大众谋利益，不断尝试实现很多人认为业已消失的理想。

回顾历史，拉文克劳学院在当今世界相当于什么呢？罗伊纳是一个盎格鲁-撒克逊名字，它首次出现时指的是一位神话中的王后，即伏提庚的妻子。伏提庚这位（大不列颠及布列塔尼）凯尔特国王因亚瑟王传奇而为众人所知。蒙茅斯的《不列颠诸王纪》（*Historia Regum Britanniae*）中首次介绍了伏提庚的妻子。她风姿绰约，来自异国他乡，会使用巫术，杀死了自己的继子。我们很难将她与美丽、机智又聪慧的罗伊纳·拉文克劳联系在一起。罗伊纳的父亲亨吉斯特是一位盎格鲁-撒克逊首领，曾指挥过对大不列颠岛盎格鲁人、撒克逊人和朱特人领地的第一波入侵战争。伏提庚在前段婚姻中生有一子，名为沃蒂默，他支持"反撒克逊"政策。罗伊纳则对此坚决反对，并因此杀害了自己的这位继子。

不过，不要忘了，历任诺曼和安茹国王都利用亚瑟王传奇来证明其意图的正当性。在伏提庚失败身亡后，（大不列颠及布列塔尼）凯尔特人遭到了撒克逊人的反复入侵，是亚瑟王将不列颠人团结在了一起。因此，J.K.罗琳选择把罗伊纳作为该学院另一位创立者的撒克逊名字，这个创立者捍卫麻瓜出身的巫师。

沃尔特·司各特也用这个名字创造了《艾凡赫》中罗伊纳女士这一人物。她是韦塞克斯和盎格鲁-撒克逊人的国王阿尔弗雷德大帝（871—899年在位）的后人。一位名叫塞德里克[27]的撒克逊贵族接纳了她，并急切盼望撒克逊王朝夺回英格兰王国的王位。沃尔特·司各特将她描绘成一位年轻的绝世美人，其美貌与罗伊纳·拉文克劳及其女儿海莲娜不相上下。

因此，在深植于英国人想象中的史诗和历史抒情文学里，罗伊纳经常同撒克逊贵族和魔力十足的凯尔特亚瑟王室联系在一起。

不过，如果我们把注意力进一步集中在海莲娜·拉文克劳身上，就能建立起另一种与亚瑟王传奇的联系。为了变得像母亲一样机智聪慧，海莲娜不惜盗取金冕。为了建立这种联系，就要深入阿瓦隆这片土地。在格拉斯顿伯里修道院的草地下面，人们在"16法尺[28]深处，并非在石墓中，而是在一棵空心橡树的树干里"[29]，发现了亚瑟王和王后桂妮维亚的尸体。"尸体在16法尺深处被找到，藏得很好，以防亚瑟王在生前奋勇抵抗的撒克逊人入侵阿瓦隆岛时，将尸体暴露在日光下。"[30]空心树令人不禁想起海莲娜·拉文克劳设法埋藏失踪金冕时选中的那棵树。伏地魔也在此躲藏了 10 年之久，随后附身于奇洛教授。

格拉斯顿伯里的墓地被人发现时，亚瑟王其实并没有死去，而是等待被唤醒后重新回到战场，赶走大不列颠岛上的撒克逊人。正如伏地魔等待自己的追随者之一，带着史无前例的强大力量卷土重来，完成自己的事业，像爱德华三世那样，将手下的食死徒们召集起来。

13
格兰芬多学院的起源

格兰芬多学院丰富的历史、神话与史诗内涵与它在"哈利·波特"系列中的地位同样重要。为了以尽可能简单的方式揭示这一学院(mesnie[31])的创建基础,我们将像前两个学院一样以年代顺序来进行分析。

无论是在原日耳曼语、古挪威语、撒克逊语,还是在其他印欧文明的语言中,戈德里克[32]首先指的是"神"(古挪威语中为goð,原日耳曼语中为guda),以及权威、力量、权力(原日耳曼语中为rīkiją)。

在研究赫奇帕奇学院时,我们曾经提到,goði可能是一位异教教士。虽然戈德里克由 goði 衍生而来，我们也无法在格兰芬多和一位基督教教士或异教教士之间迅速建立起任何联系。因此，就需要更深入地审视 goði 这一身份。这类人供职于 thing，"一种典型的日耳曼机构或制度，指在固定的日期召开的会议，或指特定地点或自由人，后者被称为 thingmenn，单数形式为 thingmaðr"[33]。因此，goði 积极参与维护权力的分立。此外，这种起源于日耳曼民族的 thing，其实就是日后广为人知的盎格鲁-撒克逊时期英格兰贤人会议的前身，贤人会议则将主教和修道院院长也纳入其中。不过，在当时，在俗教士广泛存在于王国内。"在俗"（laïc 或 laïque）一词源于希腊语的 laikos，而该词又来自 laos，指人民[34]。至于政教分离论（laïcisme）这种"承认在俗教徒拥有干预教会事务之权利的学说"，在英格兰一直存续到了 16 世纪。[35] 换句话说，在俗教士可以在劳动、政治、道德等世俗领域传播宗教价值观。

这些教士与赫奇帕奇的高级教士不同，不受限于教会等级和教会干预。一旦感觉到危险，他们就可以摆脱政治权力、国家和所属机构的束缚，保护民众、捍卫法律，正如 goði 与他的 thingmenn 所做的那样。这时，我们便看到了格兰芬多的影子。格兰芬多依靠同教士们一样的坚定、勇敢和富有（体力与信仰方面的）力量，确保民众安全以及执法和司法得当，这一点同 goði 一样。另外，他们又像修道院院长和在俗教士，确保满足被剥夺权利者维护公共秩序的需要，从而避免对基本权利的过度损害。

从这种意义上来说，这批人是狂热主义和（政治或宗教）意识形态极端主义的防线。骑士不是教士，但都是忠实信徒；同样，赫奇帕奇所拥有的权利和优势地位，也要求骑士们承担对民众的义务。在中世纪早期，安全保障、服役履职、勇气和作战能力是最为人重视的。随着古典中世纪时期和中世纪文学的出现，热忱大胆的骑士才成为寡妇和孤儿的拯救者。

另外，一些人认定格兰芬多宝剑寓意圣剑，这倒也没错。[36] 不过，格兰芬多宝剑除了在《哈利·波特与死亡圣器》中出现在水中——这一幕也令人联想到了《湖上夫人》的片段——之外，"只吸收能强化它的能量"，而且可能比大部分魔法的破坏力更大，如同圣剑 [37] 一样，圣剑的字面意思即"钢铁刀片"[38]。狮心王理查的体形与戈德里克相仿，也具有同戈德里克一样的神话色彩，很可能也曾拥有过圣剑。格兰芬多宝剑在北欧神话中象征着"战士的力量和战胜黑暗之光明……知识、火焰……沉着，并在英雄准备好成为王国主人时熠熠生辉"[39]，邓布利多、哈利、纳威和罗恩都或多或少用这把宝剑破坏了伏地魔的灵魂。在这些传奇故事中，还有其他的宝剑，由一群了不起的人物，特别是侏儒（比如"哈利·波特"系列中为巫师服务的地精）专为人类打造。[40]此外还有人类自己打造的宝剑，这些人中就包括一个叫雷金的人，他曾试图杀死变成蛇[41]的怪物法夫纳，法夫纳恰与斯莱特林的蛇怪相呼应。除了宝剑在北欧民间传说中的战士象征之外，"人们把有知识的人称为'海姆达尔之剑'，（因为）知识、智慧和理性被视为高效的武器"[42]。这种人生哲学不免令人联想到邓布利多的哲学思想。没有这种思想，格兰芬多学院的人就只是一群没有头脑的野蛮人。在这方面，邓布利多这一人物与格兰芬多学院的历史密不可分。

如上文所述，J.K.罗琳深受沃尔特·司各特小说的影响。在《艾凡赫》《湖上夫人》和《山巅的佩弗利尔》中，历史、史诗与抒情诗完美地相互融合，令读者几乎难辨真假。在《艾凡赫》中，也有一些撒克逊人的名字为人所熟知。阿不思·珀西瓦尔·伍尔弗里克·布赖恩·邓布利多，作为19—20世纪格兰芬多最伟大的成员，当然不会放过致敬这些名字的机会。很多哈迷通过邓布利多的外貌及其在哈利身边扮演的向导角色，在他和梅林之间建立起了实实在在的联系，格兰芬多宝剑则将这种联系进一步升华。珀西瓦尔这位著名的圆桌骑士自然无法逃脱读者的眼睛，但很多人都不清楚伍尔弗里克和布赖恩存在的意义。

珀西瓦尔体现了邓布利多举世无双的好斗品性；而布赖恩是《艾凡赫》中扮演历史恶人的诺曼战士，以其野心和对犹太人及撒克逊人的仇恨著称。在情场失意后，他发誓不会再爱上任何女人。布赖恩很大程度上体现了年轻时的邓布利多，像邓布利多一样有政治抱负、渴望荣耀，为此甚至不惜除掉前进路上的麻瓜。[43]

在《艾凡赫》中，布赖恩是威尔弗雷德·艾凡赫的敌人和对手，艾凡赫代表"骑士的价值观、英雄主义、忠诚、无私、重视正义、扶贫济困"[44]。威尔弗雷德在第3次"十字军东征"（1189—1192年）（理查曾中途前往西西里国王的领地，并将圣剑献给他）中陪在狮心王理查左右。东征归来后，理查与布赖恩进行了一场比武，而理查的弟弟无地王约翰趁哥哥不在，依靠诺曼男爵领地的支持，夺取了英格兰王位。威尔弗雷德尽全力帮理查夺回王位。理查在小说中同情撒克逊人（即上文提到的对抗无地王约翰的撒克逊人，威尔弗雷德是诺曼入侵期间撒克逊人抵抗运动中的英雄赫里沃德的后代[45])。另外，虽然理查已经拥有圣剑，威尔弗雷德仍然随他出征。在《艾凡赫》中，撒克逊人归顺了理查；而聚集在罗宾汉麾下的"法外之徒"则在诺曼人的镇压下逐渐脱离了法规的束缚，并"成为一股抗衡势力"[46]。"这些'法外之徒'组成了一个截然不同的社会，且运转良好，这要归功于被所谓的合法社会和骑士精神所遗忘的那些价值。"[47]

这令人不禁想起著名的"三人小组躲进有求必应屋"的情景。主人公哈利·波特后来成为黑魔法防御术课教师，就好比罗宾汉的支持者成为伟大的弓箭手一样，这或许就是格兰芬多人藐视规则的原因吧。毕竟，格兰芬多人遵循的是价值、本能及正义感。当正义不再，现有秩序将倾，纳威就证明了自己的勇敢和魔法技巧。然而，伍尔弗里克（Wulfric）这个撒克逊名字虽然与威尔弗雷德（Wilfred）极为相像，但其实更接近戈德里克（Godric）。伍尔弗里克来自古英语中的 wulf，即古高地德语中的 wolf（狼）和 ric（权威）。乍一看，狼无论与阿不思·邓布利多还是与戈德里克·格兰芬多都联系不到一起，而格兰芬多的纹章倒是和司各特笔下受到撒克逊人爱戴的狮心士埋查的纹章十分相像。

戈德里克和伍尔弗里克这两个名字的词源中都包含权威和主权的概念。God 指神祇,那么 Wulf 呢?我们不得不再一次离开当代文化,进入北欧和日耳曼的神话体系中,才能理解神和狼在北欧的象征体系中密切相关。北欧神奥丁年迈又驼背,"蓄着胡须,有时为独眼形象,衣衫不整,头戴一顶巨大的帽子……奥丁是众神之父,也是掌管知识、北欧古文字和诗歌艺术的人类之父……"[48],就像戈德里克创造出的分院帽一般。奥丁所居住的瓦尔哈拉(Valhalle)又名"英灵殿"[49],是一座"金子般熠熠生辉"[50]的宅邸。在这座"有 540 多扇门"的宫殿中,一匹狼"被吊在西门前,一只雄鹰从上方翱翔而过"[51]。伍尔弗里克的字面意思是"狼-帝王",我们可以联想到,这个名字反映的是守护格兰芬多之剑的阿不思·邓布利多;像奥丁为自己死去的战士选择了一片净土那样,邓布利多也保护着哈利,"调教他,培养他,让他磨炼自己的能力……这样当他毅然赴死时,就意味着伏地魔的真正完结"[52]。不过,这么分析是否足够有力呢?别忘了,邓布利多也曾野心勃勃,不择手段,诡计多端,自私自利,至少是随时准备好不惜一切代价达到自己的目的——纯粹的政治目的。中世纪的狼象征"狡诈、暴力、残忍、贪婪、欲壑难填,甚至悭吝"[53]。

年轻的邓布利多兼具前述所有特征。米歇尔·帕斯图罗甚至说,狼令人联想起"以掠夺为乐的大贵族",他们"出于纯粹的贪婪而从农民和小贵族手中夺走一切,可其实他们什么也不缺"[54]。这些缺点导致邓布利多失去了家庭,同时也导致了妹妹阿利安娜的死亡。或许普劳图斯说得对:"人之于人,无异于狼。"

在伍尔弗里克人的后代中,有一位撒克逊贵族叫伍尔弗里克·斯波特,其身份是仓促王埃塞尔雷德(978—1016年在位)统治时期的"thegn",即国王的贴身带刀护卫。埃塞尔雷德未能抵御维京人和丹麦人的袭击,并最终让斯汶一世得以即位。或许可以再回想一下阿不思·邓布利多?他曾为不愿上前线的福吉担任影子顾问。埃塞尔雷德更愿意走捷径,向丹麦入侵者(Danegeld)付钱买和平。与此同时,构成盎格鲁-撒克逊时期英格兰士兵阶级的 thegn 在 11 世纪 70 年代也被解散了,以推动诺曼男爵领地的发展。仓促王埃塞尔雷德的行政管理也并非一无是处。早期的郡督诞生于 10 世纪[55],负责维护秩序和法律,行使公权力的特权(即当时的"防卫,保护宗教和正义"[56])。从 11 世纪[57]开始,这一职能由后世五位戈德里克中的两位履行,其中一位将哈罗德的武装力量用在了黑斯廷斯战役中。

另外两位戈德里克则分别在盎格鲁－撒克逊和诺曼国王的国家管理中履职：圣戈德里克（约1065—1170年）以歌声著称，根据杜伦的雷吉纳尔德为他撰写的编年史，圣戈德里克对动物有着不同寻常的怜悯之心，特别是对在他居住的森林中繁衍生息的蛇和野猪。这样的善心在中世纪很多人看来无法理解，也不妥当。J.K.罗琳也许会说，同格兰芬多一样，圣戈德里克超越了他所处的时代[58]。

在英格兰历史上，所有的戈德里克都与盎格鲁-撒克逊国王对公权力的定义以及我们对格兰芬多人的定义相符，即保护民众（郡督），思想开放（圣戈德里克），像郡督戈德里克那样在1066年诺曼人登陆时冲上前线保护人民、对抗入侵者，来证明自己的勇敢和果断。格兰芬多和斯莱特林之间的对立，或者说撒克逊人和诺曼人之间的对立，可以说再明显不过了。

知识窗

中世纪人与动物的关系

中世纪是历史上对动物非常友好的一个时期。狩猎是一项贵族活动,只有这种特定阶级可以从事狩猎。农民常靠畜牧和驯养动物维生。人与自然共生并存,了解自然力及其不可预见性以及动物的行为和习性。

在人与其他生物之间这种系统的杂居关系之外,教会起到了为某些物种"镀金"或将某些动物妖魔化的作用。人们还鼓励消灭物种,这些物种被视为魔鬼麾下的大将或代理人。受到圣戈德里克热情对待的野猪和蛇就是如此,因为在中世纪,上帝依靠其力量和威严统治人间,"野猪是不洁和作恶的走兽,是基督之敌的化身"[59]。而蛇是原罪之源,残酷、奸诈、狡猾,因而圣戈德里克对蛇如此同情令人费解。这种情况一直持续到21世纪。

蛇的负面形象古已有之,只是在不同时期表现不同。[60] 蛇是"一种恶势力"。拉丁语词draco意为"蛇怪"[61],将这个名字赋予傲慢的小马尔福,或许正是出于这一原因[62]。

14

幽灵：选择保持透明

每个学院都有各自的幽灵。这些幽灵不仅是学院的代表，身上还都背负着一条信息，要向学生和读者传达。这些信息或积极或消极，或明示或暗示，但有一点相同：四大学院的幽灵，从称呼和个人经历来看，都是每个学院的写照。所谓写照，是指幽灵各自所属学院的社会地位，对此，我们已在前几章中进行过论述。

之所以抛开其他幽灵，是因为 Pottermore 网站上发布了罗琳的灵感来源证明，揭露了哭泣的桃金娘和宾斯教授等人物都源自罗琳的个人灵感[63]。我们将简单阐释一下尼克这个人物，他是四个幽灵中唯一在前文中尚未分析过的人物，随后将从伦理和社会学角度对霍格沃茨的学院和分院制度进行分析。

差点儿没头的尼克

尼克这个人（又称尼古拉斯爵士），傲慢、狂妄，对自己的外表和魔法都自信爆棚。他生活在亨利七世治下的都铎王朝时期[64]，因对一位宫中女官施下魔法后导致情况失控，被判处死刑[65]。不幸的是，对他的行刑不太顺利：刽子手没能按照规定将其斩首，尝试了几次也无法让他身首异处。尼古拉斯爵士的惨死不免令人联想到著名的苏格兰女王玛丽·斯图亚特（1542—1567 年在位）——刽子手也是挥了三下斧头才完成行刑。

尼古拉斯爵士的人物性格与很多格兰芬多一样，无论我们如何评价斯内普这一人物，有一点斯内普倒是说对了：哈利很傲慢[66]。并非只有他这样描述格兰芬多的人。如果你在 Pottermore 网站上被分配到了拉文克劳，级长罗伯特·希利亚德一定会兴高采烈地将格兰芬多说成是一群既爱吹牛又思想保守的人。

这些是格兰芬多人的主要性格特征，不过，这些特征本身并不是学院培养学生的目的，对每个学院来说都是如此。如前所述，撒克逊战士和贵族最初是因1066年诺曼人入侵才失去了职位，但他们对私利的追求可不比诺曼人少。这些撒克逊战士和贵族也许在行使权力方面不那么专制，但其集体主义可与诺曼人不相上下。如果你被分配到斯莱特林，级长会肯定地告诉你，"斯莱特林和格兰芬多就像一枚硬币的两面"。从这一点来看，级长罗伯特·希利亚德关于格兰芬多难以忍受"与众不同"之人的话很有道理。

　　另外，J.K.罗琳称尼克是亨利七世国王王室的一员，而亨利七世又被后世描述为"调解王"，这真是巧合吗？在梅林关于凯尔特人对撒克逊入侵者复仇成功的预言中，亨利七世是"天选者"[67]，但他首先是所有人民——凯尔特人、威尔士人、英格兰人、诺曼人、安茹人统一与和解的象征。同样，尼克让各学院团结一致、通力合作，并维持与其他幽灵的友好关系，包括血人巴罗[68]。

幽灵们不为人知的一面

通过尼克的故事，我们发现了幽灵的性格与其所属学院之间的某种双重特征。格兰芬多人可以表现得强壮、英勇、果断，也可以像斯莱特林那样傲慢、易怒和野心勃勃。同样，赫奇帕奇人的忠诚和劳动观有时会游移不定，扎卡赖斯·史密斯的暴躁就证明了这一点。

如果我们在 Pottermore 网站上读过《霍格沃茨的幽灵》这篇文章，就会发现有一个野心勃勃的胖修士对主教等级制度保持着相对的忠诚，这与他曾立誓清贫一生的修士身份完全背道而驰；血人巴罗是一个任性又傲慢的人物，不喜欢别人对他说"不"，其男爵身份已经透露了他的社会出身，然而此人又永远为忏悔的锁链所束缚；最后，罗伊纳的女儿海莲娜并不像她的母亲和学生那般有智慧。

四个幽灵身上都有一种内在的矛盾，这是在向学生乃至整个巫师世界传达一条信息。这条信息并非单纯地体现在尼克、巴罗、胖修士或者海莲娜身上，它反映的是我们和这些幽灵一样，身上都存在灰色地带。"如果你去拉文克劳，你将加入……""如果你去斯莱特林……"停！想想梅林、小矮星彼得、塞德里克·迪戈里、邓布利多以及斯内普，这些人分别被分派到什么学院了？这值得深思。邓布利多率先对斯内普说，"我有时觉得我们被分派得太草率了"[69]。出人意料的是，斯内普的勇气不输格兰芬多，而邓布利多对权力的贪恋也与斯莱特林不相上下。

再看看海莲娜，她本该是一个聪明、充满好奇又博学的人。盗窃金冕这件事本就与其学生的身份不符，更不用说海莲娜还是罗伊纳·拉文克劳的女儿。她向哈利承认，自己偷盗金冕是为了变得比母亲"更聪明，更有名望"[70]。至于胖修士，他的魔法才华对教会的领袖来说简直是莫大的讽刺——教会中竟然有一位真正的异端分子。

然而，这些双重性的意义何在呢？

超越等级制度和决定论

霍格沃茨四大学院分院制一直维持着社会上的等级制度，巫师们从 11 岁起就开始遵守这项制度。从这一公设出发，我们完全有理由思考一下，决定论是否支配着小说中的每一个人物。

到了 11 岁，小巫师们就要被分配到不同学院，这些学院既能反映出学院成员的性格，又对应古代和当今社会中的某一个社会阶层。不过，他们身上都存在灰色地带，分院帽有时也会在宣布结果前犹豫一番。邓布利多关于这一点的思考，便是在向我们发问：我们真的能根据这些孩子的性格来对他们进行正确的分配吗？我们明知犯罪学和精神病学都认为，主体的性格平均在20—22岁时就稳定下来了，那么还能根据这将人分成三六九等吗？

分院制提醒我们：人总是喜欢把个体归入不同的"小框框"里，从而更好地划分其类别，仿造出一种社会秩序。

法国著名社会学家皮埃尔·布迪厄（Pierre Bourdieux）就曾研究过这种"分隔"存在的意义。他认为，我们不能仅仅将社会世界归为一种简单的阶级合集，并根据经济实力定位每个个体，还要考虑其学历、文化资产的获取以及社会关系。是否能获得这些资源，既决定着社会关系的结构，也定义了个体在社会空间中的位置和权力关系。这些资源被分为三类，布迪厄称之为"资本"：一是"经济"资本，即收入和财产；二是"文化"资本，指学历或者接触文化的机会；三是"社会"资本，涉及是否拥有一张可持续的社会关系网络。另外，在布迪厄看来，社会空间由多个子空间构成，个体可在其中根据自己拥有的资本来获得权力和地位。这些子空间被称为场域。一个场域,就是在一个更具结构性的社会空间中的特殊社会空间。我们尽可能简化一下,将场域比作一种职业空间,里面有特定的群体、制度、惯例、运行法则,甚至特殊的语言。在这些场域内部,存在着一些特殊阶级;而构成场域的人,无论在等级制度中处于何种地位,都分享着一整套对社会的认知,以及根据个人经历和教育形成的对人际关系的认知。

知识窗

布迪厄的场域理论

布迪厄认为,社会并不能简化为一种个体垂直序列。该序列根据个体掌握的经济资源形成。个体在(由子空间构成的)社会空间中所处的权力和地位是由所谓的"资本"决定的:

- 经济资本 → 收入和财产
- 文化资本 → 学历或者接触文化的机会
- 社会资本 → 社会关系网络

子空间就是场域。场域由个体、制度、标准、规则（语言、衣着、自身运行）构成。在一个场域（如政治场域）内部，存在着一些特定资本，即文化、人脉、法律等，这些资本符合这一政治场域的运行规则。也就是说，文化、人脉、法律等在其他场域（如文学场域）中的性质会有所不同。

我们继续以政治场域为例。政治场域由一群经纪人构成，他们设法让某种特定社会资本产生收益。这些经纪人可以是同盟者、选民或积极分子。但这些特定的社会资本只在政治场域中才有价值，这些规则的特定性令人们可以快速区分出哪些人属于该场域，哪些人不属于。

这种语言、知识以及对运行规则的信仰之特定性，会导致个体之间以及某些社会阶级之间出现鸿沟。

霍格沃茨的结构与布迪厄的社会学理论无异。

我们把这一理论应用到巫师世界中，把这个世界当成一种结构性社会空间来审视——巫师世界就像麻瓜社会一样包含多个场域，而这些场域在两个世界中都存在：法律场域、政治场域、教育场域等。哈利离开霍格沃茨后，便进入了安全与司法场域，与赫敏的情况完全一样，而二人其实地位不同，在同一家机构中的角色也不同。

巫师们发现了社会中的第二个机构（第一个是家庭），并注定在这一机构中发展和实现自我。分院制根据巫师们的性格、能力、阶级意识以及未来的成就对其分门别类。每个学院都包含布迪厄定义的多个场域：拉文克劳都是博学者、知识分子和管理者；斯莱特林是决策者、政治领导人和野心家；格兰芬多是比拉文克劳更加大胆的公务人员，或者乐于为祖国和人民（无论其职业）效力的公民；赫奇帕奇这类角色则可以归入无产阶级的社会空间。

每个学院都有很多场域，而在分院制的推动下，"贴标签"的行为进一步巩固了这种社会决定论和场域理论所定义的分隔。

不过，有必要指出的一点是，有些人物摆脱了这一规则。这些人虽然不多，但事实证明，作者正是在利用他们来更好地揭露当下在麻瓜世界和巫师世界中都十分盛行的制度。

最妥帖的两个例子无疑就是赫敏和斯内普。

先来说赫敏。在《哈利·波特与凤凰社》中，赫敏透露"分院帽曾非常认真地考虑"要把她放在拉文克劳[71]。

赫敏成绩优秀，聪慧，学识广博，在很多领域表现优异，因此她是无法被"贴标签"的，是极少数主张超越同类的人。从这一点看，她也印证了霍格沃茨幽灵们的话。

赫敏长大后担任了魔法部部长一职，并因博学在工作中表现出色。这令人不免想到阿不思·邓布利多，他担任校长时不愿表现得像一个单纯的管理者，这对康奈利·福吉是不利的。

斯内普呢？他不也是充满了嫉妒和野心，同时又为情所困吗？这永不磨灭的爱慕之心昭示出这个男人无比忠诚，甚至令赫奇帕奇人都相形见绌。西弗勒斯·斯内普是一个极其深情又阴郁的男人，渴求他人的尊重，并为此决定成为食死徒，以获得自己从未拥有过的认可、威严和权力。结果能证明手段的正当性，很多选择加入伏地魔阵营的斯莱特林使用的正是这些手段。虽然别人认为格兰芬多和斯莱特林之间不可能有友谊，可多亏了莉莉·伊万斯，西弗勒斯·斯内普转变了人生原则，重新审视在社会中如何实现自我的手段。斯内普的主导身份仍是斯莱特林，但他像拉文克劳一样智慧过人，像赫奇帕奇一样忠诚，又像格兰芬多一样勇敢。

社会给个体"贴标签"、污名化，把个体关在"小框框"

或者等级里，但是人类可以自由地选择将自己从中解放出来，从自己和他人的利益出发行事。这便是小说中那些本身具有双重性的人物的寓意，这些人物不得不去站队，而他们本身对任何阵营都不感兴趣。

15
"四院旗"与姓氏纹章

※

现在让我们来聊聊纹章学。

霍格沃茨的纹章看上去内涵丰富,构成四位创始人姓氏的动物象征符号是否还有着更特别、更深层的含义呢?回答这个问题,就要根据纹章艺术的相关论著研究讲述霍格沃茨纹章的"动物寓言集"。这些论著自其出现于中世纪以来,一直遵守着严格的准则。霍格沃茨和"四院旗"(分院帽的原话)上的纹章所使用的颜色,就像霍格沃茨的创始人——"四巨头"的纹章寓言一样,都有其各自的历史。

格兰芬多学院的标志是狮子，这绝非偶然；斯莱特林学院的颜色是绿色，这也不是巧合。中世纪及以前，有三种颜色对应三个社会阶层：白色是教士的颜色，红色是战士的颜色，黑色是劳动者的颜色[72]。直到约1000年时，"蓝色、绿色和黄色，在同等级范围内应用于社会生活和所有与之相关的社会准则中"[73]。纹章学进一步巩固了等级制度存在的正当性。"不仅纹章图案能让人识别出纹章佩戴者的身份和社会地位，而且佩戴者对纹章类型和图例的选择，反映了其性格、愿望和诉求。"[74]这些符号能用于确立个体"在某一团体中"的位置、"身份、尊严和社会地位"[75]。

在中世纪，颜色首先是一种物质，而红色、绿色、蓝色和黄色却"意外地"超越了物质性[76]。一直到中世纪中期，颜色才成为一种概念性的颜色[77]——也就是它在"哈利·波特"系列中的作用。

对纹章规则的遵守，对颜色历史的尊重，再次反映出J.K.罗琳是多么博学，以及她在进入写作阶段之前准备得多么用心。

纹章"帮助个体在群体中定位，也帮助群体在整个社会体系中定位"[78]。与大众的认知不同，纹章并非贵族专属，它也供好几种"法人"（包括妇女、教士、手工业者、自由民[79]等）使用。出现这种现象的原因，在于"为个体划分等级，赋予其身份特征和识别准则"[80]的深层需求。因此，颜色在个体分级中发挥着作用，四大学院的特征都证明了这一点。除此之外，四大学院的颜色还象征四种元素，即火、土、水和空气。[81] J. K. 罗琳曾指出，她是根据四大学院与这四种元素之间的关系来为其选择颜色的。[82]

纹章出现伊始，很多贵族在其姓氏和标志之间建立了一种文字游戏关系，从而利用纹章来昭示身份。姓名和标志之间的这种联系就发展为"姓氏纹章"。赫敏在向哈利解释斯莱特林的象征物为何是一条蛇时，就是这样总结的。[83]

纹章是一种图像化语言，首先表现的是一种身份。伏地魔在霍格沃茨的禁林中所说的话就充分证明了这一点。伏地魔身上集合了干涉公民隐私的极权制因素，以及与之对立的、泛滥于权力机关的专制主义。他甚至开始创造一个独一无二的、完全被剥夺特性和个性的群体，宣布废除分院制、学院及其他三位创始人的标志："我高贵的祖先——萨拉查·斯莱特林的徽章、盾牌和旗帜，对大家来说就已足够了。"[84]

在当时，纹章的作用在于让每个"个体——无论是贵族还是平民，神职人员还是在俗教徒，农民还是城里人——从此都能在一个群体中拥有自己的位置，让这个群体在一个更大的群体里拥有自己的位置"[85]。这些群体有时被称为"世家"，同霍格沃茨的"学院"一样，因纹章、旗帜或者饰章令个体围绕某个人物集结到一起，这个人物通常是一位被后世敬仰的祖先。[86]

这种对祖先的向往使人想到了等级制度，该制度在霍格沃茨的运作已可见一斑。

与此前出现的幽灵一样，纹章也通过颜色和形状来揭示幽灵和学院学生们新的一面。

红色与狮子

红色（直纹红）的纹章象征——戈德里克的纹章象征

在12—13世纪欧洲的纹章，红色纹章占比约为60%，高于黄色（约45%）、蓝色（10%—15%）和绿色（不足5%）。[87] 如上文所述，红色是一种颜色，更是一种观念：无论是在法语还是在英语中，红色最初都是"一种财富、力量、威望、美貌，或指代爱情、死亡、血液、火焰的概念"[88]。

自古以来，很多珠宝都对这种被打了高光的颜色大加利用，因为除了上述盛名之外，红色还被视为吉祥色。男男女女"低调地把红色珠宝饰物或护身符佩戴在衣服里面或外面，并赋予这种颜色……以保护的功效。红色越纯净、越鲜艳，宝石和护身符的效果就越好。在这方面，红宝石……功效十足……尤其用于驱赶蛇和蝎子时"[89]。在中世纪的民间传统中，红宝石"在墓地中指引骑士，保护他们免受邪恶势力侵害，并赋予其某种无敌的状态"[90]。因此，格兰芬多那把剑柄上"镶嵌着鸡蛋大的红宝石"[91]的宝剑最终在密室中击败斯莱特林的蛇怪，也就有理可循了。

不过，历史并未止步于此。根据下面这位诺曼传令官的说法，直纹红这种纹章专用的红色并不适用于所有人："除了贵族、大领主和英勇的战士之外，其他人都不应穿戴这种颜色。不过，如果一个出身于高贵家族的人穿戴直纹红，并且在战斗中表现勇敢，那么其配得上[92]这种红色，这也象征着他拥有一切美德。"[93] 格兰芬多宝剑不就在配得上它的学生面前，特别是在战斗中或者危急关头（如密室）才现身吗？

勇气、胆量与火红的骑士精神——戈德里克学生们的品质

所谓勇敢者,指的是中世纪充满"荣耀、勇气和慷慨之心"[94]的骑士,同样身披红色,就像一名合格的格兰芬多学院学生一样。珀西瓦尔这位伟大的圆桌骑士也有一枚红色的盾形纹章。

或许由于家族纹章中使用的红色(直纹红)是一种"有男子气概的颜色,常出现在战争、骑士比武和狩猎中"[95],所以直纹红被视为远古祖先血液的化身,据说这位祖先曾英勇地血洒东征战场[96]。红色也被用来描绘基督教徒和所有为信仰而死的人。因此,在小说中扮演基督形象的哈利加入了英勇战士们的行列,并将他们集结在格兰芬多血红的旗帜下。这些骑士都注定不惜牺牲生命来击退邪恶势力。

红狮子——格兰芬多的动物象征

也许由于红色象征力量、勇气和胆量,所以人们经常把红色同狮子联系到一起。[97]而狮子正是纹章学论著中最常出现的形象,这些论著"有时还涉及基督学范畴(仁慈、祭献、宽恕)"[98]。另外值得强调的一点是,狮子在 11 世

纪后半叶忽然出现在中世纪（11世纪也是霍格沃茨建校期）的符号体系中[99]。当时，狮子出现在"狮背上的骑士"中，这一形象在中世纪法国和盎格鲁-诺曼文学中随处可见，甚至成了"典型的基督教骑士盾形纹章"[100]。

因此，狮子和红色一样，象征力量、勇气、慷慨和高尚等"国王特有的一切品质"[101]。那么，戈德里克·格兰芬多（狮心王理查）不正是这样一个既高尚，又对统治和权力毫无兴趣的国王吗？他不正是斯莱特林（无地王约翰）这位专制主义者的对立面吗？

基督教研究中象征献祭的红色＆象征哈利·波特式牺牲的红色

同世俗权力一样，罗马教廷也有自己的"动物寓言集"[102]。鹰和狮子既是世俗纹章学中的形象，也是罗马宗教权力的化身。因为红色是基督的血液，是耶稣受难的完美化身，也是耶稣复活的象征。就像哈利一样，哈利在小说中扮演基督形象，通过痛苦的煎熬和倾注自己的血液无意中复活了伏地魔。

想要获得穿戴红色的资格，或者获得与红色和狮子相似的待遇，就必须有牺牲精神。如上所述，血红色代表"基督之血及为基督倾注之血、耶稣受难、殉道、牺牲和神圣之爱"[103]。莉莉为哈利（故事中的基督）牺牲自己的同时，不也给了哈利最坚固的保护吗？不是帮助哈利从死咒下逃生了吗？这不就是一种神圣的爱的力量，爱情的力量吗？邓布利多向哈利揭示了这种力量，而哈利到最后决定牺牲自己，返回禁林赴死，以拯救巫师世界乃至麻瓜世界，到这时，他才真正理解了这种力量。这是一种战胜一切的神圣之爱，它成了整个故事情节的关键，体现在了两个被召集到格兰芬多学院狮子红旗下的人物身上。

绿色与蛇

绿骑士

虽然绿色很少出现在中世纪的纹章上，但在亚瑟王传奇文学中，暗绿色的纹章在佩戴它们的骑士的推动下成了主角。

勇敢而热情的绿骑士是祸根。"在当时以亚瑟王为主题的小说中，'绿骑士'几乎总是如此。"而其行为之所以经常得到原谅，是因为这位骑士"努力证明自己的价值……并加入圆桌骑士的行列"。

在社会中寻求关注和自身定位的德拉科·马尔福也是如此。他为此自豪地炫耀自己的颜色，逢人便说他的家族是纯血统，而且一直身披绿色。总之，马尔福家族一直是斯莱特林学院的成员。尽管马尔福四处吹嘘自家的传承，但也不能冒着被同类抛弃的危险做出令周围人失望的事情。为此，他不惜做一些叛逆的蠢事——违反校规、吸引他人注意。这都是些小错，但这些小错反映出马尔福为满足他人认可的需要会做出多少错误决定。最终，马尔福加入的不是骑士们的圆桌，而是伏地魔的圆桌。

这可真是"绿"得闪闪发亮。

哈利初到霍格沃茨时也无甚不同。分院帽窥见了他对表现自身价值的渴望，而这一细节足以令他在斯莱特林和格兰芬多之间摇摆不定。

从绿骑士身上，我们又看到了典型的斯莱特林特征，即决心、野心以及"某种对法律条规的藐视"[104]。在13世纪，这也是对绿骑士的描述。到14世纪，绿骑士就变成了一种同"坏绿色"[105]一样令人不安并承载着死亡的形象了。

诺曼人和纯血统巫师的绿色

斯堪的纳维亚半岛上的人接二连三地袭击西欧海岸，与此同时也向外输出了绿色。在维京人看来，绿色是幸运色[106]。"很多编年史作者都曾指出，近三个世纪的时间里，袭击海岸地区的诺曼海盗沿河而上，劫掠教堂和修道院。这些人通常身着一件绿色的半长袍。"[107] 因此，这种绿色正是我们称为来自斯堪的纳维亚的斯莱特林的绿色。

无论是维京贵族还是未来的维京君主，除了使用已经罗马化的居民所穿着的红色，还会使用国王专属的第二种色调[108]，这种色调最为常见。"在领主家接受教育的贵族青少年通常都身着绿色。"[109] 由此可见，在大不列颠岛居民眼中，斯莱特林人正是用颜色来体现斯堪的纳维亚历史和习俗。同之前的丹麦人一样，诺曼人也长期受到土著居民的敌视。绿色在中世纪的象征意义，似乎就反映出了这种严峻的形势。J.K.罗琳在其关于服装的文章中指出，绿色和紫色由于成本较高，经常同皇室和宗教相关联。[110]

绿色的象征——斯莱特林的象征意义

这种敌意令人联想到另外三个学院对斯莱特林的敌意。

因为绿色声名狼藉:与其表象相反,绿色这种颜色不仅不道德,而且代表了十足的"骗子和滑头,投机倒把和对爱情不忠的王中王"[111]。它是"干了不止一件坏事的骗子,一个喜欢蹚浑水的伪君子,一种危险的颜色,其本质就是变化无常"[112],并拥有一种"违规和捣乱的特质"[113]。

再与斯莱特林学院对比,我们就会发现,小说中对绿色的描述以其负面特征为主。所有颜色都拥有双重象征意义,而绿色是所有颜色里表意最模糊的一种。在中世纪历史中被视为"危险"的绿色,在小说中竟然也是如此!"因此,人们习惯于用深绿色来描述恶灵、魔鬼、龙、蛇和其他游走于人间和冥界之间的不祥的创造物。"[114]即便是深海动物在其寓意中也是如此,如同中世纪的水"在概念上就是绿色的,而非蓝色的"[115]。"在有关魔鬼的动物图画集中,大部分绿色动物都生活在水中,或者经常涉足水域。"[116]

因此,斯莱特林学院的公共大厅位于持续散发着绿光的湖底[117],也就再正常不过了。

绿色略带致命的意味,有时也是"霉、疾病、腐烂以及腐肉"的近义词,总之就是代表尸体或者"离开亡者之地回到人间,烦扰活人的鬼魂"。这令人不禁想到斯莱特林的公共休息室、黑湖、《哈利·波特与火焰杯》第2章以及《哈利·波特与混血王子》中讲洞穴和阴尸那段。洞中延伸着一大片黑色的湖水,"一道朦胧的、绿莹莹的光,倒映在下面死寂的湖水中"[118]。根据指示,魂器的准确位置位于一片湖上,湖中似泛着"绿莹莹的光",湖底还有着如同尸体般的肮脏生物。这正是那个能证明身份的、吊坠盒最初拥有者(指萨拉查·斯莱特林)的特征。另外一个有趣的细节:当邓布利多用手指着发光的地方对哈利说,他们必须前往位于湖中央的这个地点时,哈利立刻就将这种颜色的氛围同相应的魔鬼动物图画集联想到了一起,这些动物有水怪、巨蟒、魔鬼、幽灵等。[119]从黑水中出来的小船呈铜绿色,与石盆中翠绿色的液体颜色相近,这印证了哈利的联想。作者也曾指出,绿色是黑魔法的颜色。此外,洞穴中发光的液体与黑魔标记同样都是绿色,也绝非偶然。[120]

绿色之所以令人不安,是因为正如邓布利多所说,绿色代表上面那些很多人惧怕的黑暗元素[121]。所以,有些麻瓜因魔法能伤害他人而惧怕魔法,就使用绿色来代指魔法。[122]

说到魔法,麻瓜世界中最知名的巫师——魔法师梅林,其在书中的形象与历史学家在大量作品中尝试勾勒的历史形象并不相符。小说中的梅林生活在中世纪，作者也曾在Pottermore网站上提到，梅林是斯莱特林的学生。这个信息似乎与米歇尔·帕斯图罗的研究相吻合，他将梅林描述为一个"形象暧昧的人物，与绿色和草绿色关系紧密"[123]。因此，绿色的作用在于将所有行为疯狂、危险和邪恶的人集结到一起。

亵渎之爱的象征——梅洛普的爱情和斯内普的爱情

"绿色在中世纪是世俗之爱……的颜色。"[124]

同红色一样，绿色也代表爱情。不过，红色象征的是神圣的、肉体的、热烈的和真实的爱，而绿色则象征着亵渎的和禁忌的爱。

梅洛普和老汤姆·里德尔之间的关系是不言而喻的。斯内普对莉莉的感情和与她的关系则既是绿色的，又是黑色的。梅洛普爱上了老汤姆·里德尔，对他产生了真挚的感情，这感情如此强烈，以至于她毫不犹豫地利用迷情剂来破坏里德尔与塞西利娅的关系。这时，梅洛普的感情就因使用迷情剂而受到亵渎和嘲弄，同时也致使老汤姆·里德尔没有认可这段关系。关于这一点，我们可以思考一下，通过服用这种药水来达到与伴侣结婚的目的，是否构成强奸罪呢？不过，还是先说回代表亵渎之爱的绿色吧。伏地魔诞生于一段伤风败俗的禁忌和亵渎之爱。因此，即便姑且不论他与母亲梅洛普都是萨拉查·斯莱特林的后人，伏地魔同母亲一样只能与绿色相提并论。

贵族们本应代表威严和掌权者家族这一神圣属性，他们让这场不能算作爱情的爱情故事失去了神圣的光环。

前文提到，冈特家族代表的是欧洲中世纪、文艺复兴时期和当代君主制下的贵族阶级，同很多皇室和贵族家庭一样依赖血亲关系。这种关系实际上构成了教会法和社会道德所禁止的婚姻关系。斯内普也因爱上了一位有夫之妇而成了绿色的化身，但要有分寸得多。斯内普对莉莉的感情是货真价实的，只是给不了她为了过上幸福生活所需要的东西。诚然，斯内普对莉莉是挚爱，但这种爱既无可能得到回应，又是禁忌，因为他不能将这种爱表达出来，否则会将那个如同热爱生命般珍爱着的女人置于危险之中。

蔚蓝色与鹰

蓝色——像罗伊纳一样具有女性特质又沉稳睿智的颜色

"蓝色是一种非常稳重的颜色"[125]，它从未开化的状态走向了神坛，在日耳曼民族的地位非常之高。那些自认为稳重保守且不愿暴露自己的人，通常会身着蓝色[126]，就像亨吉斯特的女儿罗伊纳王后一样，她就是一位因稳重而著称的贵族。后来，蓝色又开始代表几位国王（圣路易、英格兰的亨利三世）的稳重形象，这些国王希望治国有方，与上帝和谐共处。蓝色也成了圣母丧服的颜色，其悼念对象是自己死在十字架上的儿子耶稣。

因此，蓝色是一种女性特质强烈的颜色，仅有的几枚蓝色纹章都属于拥有权势的女性，比如阿基坦的埃莉诺和她的孙女卡斯蒂利亚的布兰卡。12世纪或许是纹章发展的鼎盛世纪，但这时的纹章也属于女性权贵。[127]

对一个博学者的学院（或阶层）来说，这种隐喻不足为奇。同世俗领主、封建主和罗马皇庭一样，拉文克劳出身的人，在当年是社会上鲜有的文人。罗伊纳这位女性（也是一位文人和智者）稳重地传播着她的学识，同埃莉诺一样身着蓝色。埃莉诺威望甚高又具有强烈政治色彩，她甚至自行决定其死后墓碑上卧像的样子：她最后穿的长衣主色调便是很可能由她引入英格兰的蓝色，而她那充满女性魅力的面庞也成了第一个被世人永远瞻仰的形象。

拉文克劳学院的标志就是以蓝色为底色，上面是一只鹰，鹰在英国文化中通常被视作一种皇家动物。因此，我们要将这两个元素并列，理解它们之间这种联系的含义。为此，我们不得不先着手研究另外一样东西：罗伊纳·拉文克劳的金冕。

鹰与金冕

起初，鹰出现于教皇的大敌——日耳曼帝国的纹章里。但同所有的象征符号一样，鹰也具有双重含义，而J.K.罗琳重点描述了其中的一种含义。

在《哈利·波特与死亡圣器》中，金冕被描述为"一种王冠"[128]"有点像芙蓉在婚礼上戴的那种头饰"[129]。

在过去，教皇的冠冕与其说是三重冕，不如说是王冠，用孔雀的羽毛装饰成蓝色。[130]"隼和鹰实际上象征着世俗领主和君主，在诗歌中，教皇否认君主具有同自己一样'洞见'的能力。教皇头顶饰有孔雀羽毛的三重冕,并拥有阿尔戈斯[131]的一百只眼。"[132]

鹰同狮子一起被描画在教皇的珍宝上面。[133]鹰是鸟中之王,身负基督学和皇室的双重象征,有点类似于狮鹫。[134]但最重要的细节,也是被不断强调的一点,在于罗马的吉尔斯(Gilles de Rome)[135]用鹰来比喻和定义教皇的形象与职责。[136]

"三重冕下部(金冕)的圆环形状象征基督教会,顶部的尖端象征教皇。"[137]因此,拉文克劳的金冕或许确为罗伊纳个人所有,但其作用在于将她的学生们集结在一起,帮学生养成稳重的性格,获得学问与知识。

除了蔚蓝色,金色也与基督教有着密不可分的关系。

金色与獾

与之前提到的三种颜色一样,黄色也是一种内涵多变的颜色,在中世纪初期以象征仁慈而出名,在农本社会中占有重要地位。谈起黄色,就让人想起了田里的麦子。

到中世纪中期,黄色竟变成了"坏黄色"。

黄色曾是犹大的颜色,后来又成了上文中犹太人必须佩戴的圆片[138]的颜色。这些犹太人受到迫害，并被驱逐出法国。这种标记很容易令人想起德国占领法国期间，行政法院颁布的法令规定，犹太人必须佩戴一种六角形黄星布。不过，金色却"令教会得以确立和显示其权威"[139]，同时保留了"好黄色"在社会中的地位，其他颜色则纷纷失宠。[140] 黄金也因此"以各种形式被积攒起来"[141]，圣物盒更是成了积攒黄金的"最佳去处"。

不过，金色和黄色并非那个年代唯一象征背叛的颜色。橙红色是"犹大和所有叛徒头发的颜色"[142]。然而，韦斯莱一家之所以在小说中成为"血统的叛徒"，是出于一些政治原因，但我们可以猜想到，这一家人橙红的发色与中世纪的刻板印象不无关系。

列那狐的獾——赫奇帕奇之獾

獾这一形象在纹章中十分罕见——或者说几乎不存在。赫奇帕奇之獾似乎正是《列那狐的故事》中那只名叫格兰贝尔的獾。正如幽灵和赫奇帕奇的起源一样，这种獾是神职人员的象征，是神职人员阶层的写照。

此外，迪士尼公司的动画片《罗宾汉》（1973年版）对《列那狐的故事》做出了新的解读。在这部迪士尼政治寓言类经典作品中,塔克修士是一只说一不二又忠实的獾,正如列那狐的獾——那位老格兰贝尔和赫奇帕奇的修士一样胖。

从此,獾就成了一种忠实而无私的动物,代表了赫奇帕奇学生的形象。

圣餐——赫奇帕奇的金杯

赫奇帕奇学院的纹章金杯代表教会权威,这种权威在教会的组织和权力斗争的助长下发展壮大。之所以这么说,还有最后一个重要论据:赫尔加的金杯。

这只圣餐杯不但由黄金制成,而且还令人想到基督在最后的晚餐中晃动的那只圣杯——它在传说中被描述为圣餐杯的形状。

霍格沃茨的纹章综述及其含义

目前对霍格沃茨各院纹章、纹饰的颜色和相关的动物寓言集所象征事物的解读,是符合上文中的政治学和社会学分析的。

四巨头的纹章显示,神话传说再一次与历史杂糅了。我们尤其发现其中有一层新的宗教层面的解释。拉文克劳及其金冕代表罗马教廷,赫奇帕奇及其金杯代表神职人员,格兰芬多及其宝剑代表十字军骑士和骑士精神,斯莱特林和蛇怪代表魔鬼或者基督之敌。即便是在象征体系里,其他三位创始人仍然与萨拉查·斯莱特林为敌。

16

霍格沃茨与坎特伯雷教区

※

在《哈利·波特与火焰杯》的结尾，我们对霍格沃茨及其校长在社会和政治制度博弈中的地位有了新认识；《哈利·波特与凤凰社》最终也在其结局处阐明了这一关键问题。从那时起，直到《哈利·波特与死亡圣器》的"百密一疏"那一章，霍格沃茨便成了一支权力制衡的力量，也日益成为统治者操纵的工具。

霍格沃茨在巫师世界和麻瓜世界中的政治角色

在《哈利·波特与凤凰社》中，福吉感到手中的权力岌岌可危，因此想方设法巩固权威。为扩大其特权，福吉一方面依靠媒体宣传，另一方面给在某重要学科领域任教的女老师洗脑，该老师最终成了一名高级调查员。

同样，《哈利·波特与死亡圣器》中也再现了这种内部渗透和魔法学校内斗的戏码——卡罗兄妹被任命为黑魔法防御课老师，斯内普则被任命为校长。想不到吧，没有霍格沃茨，连英国巫师世界的现行法律都无法充分执行。因为法律的作用在于调节民间社会内部关系，而公共教育则是达到这一目的的补充手段，以"共同生活"为名义，最大限度地确保公民获得知识、理性，并让大家共同接受公民和道德义务教育。

在英格兰，直到不久前，罗马天主教会和之后的英国国教都先后在社会中和各种制度的衔接中扮演了相似的角色。

坎特伯雷大主教作为英格兰的首席主教，自11世纪以来只履行为英国国王祝圣的职责，但他在政治上也扮演过举足轻重的角色，时而助长世俗权力，时而又限制世俗权力。另外，教会曾经控制着国民，教育国民要尊奉宗教经典。神职人员负责教授和管理社会关系，且在当时，作为个体的人既是教会信徒也是王的臣民，一旦触犯法条，还得去世俗司法机关受审。

因此，民众面对的是一种两头政治，要服从于两个各自独立的实体和时有冲突的两种利益，这往往让他们陷入两难，不知该服从谁，也不知该向谁宣誓效忠。

这种效忠和机会主义的困境贯穿《哈利·波特与凤凰社》的始终，很多学生纠结于是该加入邓布利多和哈利的阵营（代表宗教权力），还是该加入乌姆里奇和魔法部部长的阵营（代表世俗权力）。

除了这一谜题，还有霍格沃茨教授与校长任命的问题。这一问题类似于君主、封建主和罗马教廷争夺神职人员和主教团成员授任的问题。

从这种对比可以推测出，邓布利多代表教皇或者大主教的形象，霍格沃茨则是服务于统治权力（无论是宗教还是世俗权力）的机构，一有不从便会面临审查或关停的处罚，其作用在于实现执政者们构想的"共同生活"。统治者控制学校，插手学校事务，这解释了在霍格沃茨和当代社会中都存在的治理范式与生活方式运行的变化。

霍格沃茨、坎特伯雷教区和授任之争

在"哈利·波特"系列中，11岁以下的儿童与麻瓜在一起读书，学习麻瓜的语言、文字、数学等基础学科。除此之外，他们也会发现另一种制度/机构（首先是家庭），并像自己的麻瓜朋友一样服从管理，这种制度/机构的一线代理人是教员，负责对其学生进行训导和教育，以促进学生融入集体。

霍格沃茨的制度与此大同小异。11岁时，小巫师们就要乘火车前往一座城堡，在那里必须与他人生活在一起，还要遵守内部规定。这套规定理论上说是灵活的，因为它的内容日后会按照《哈利·波特与凤凰社》中魔法部部长颁布的"教育令"不断变化。学生们离开了家人，与其他学生一同学习和生活。乍一看，这些学生所遵循的规定似乎在很长时间里摆脱了政治权力的监管。这种自治状态在《哈利·波特与火焰杯》的结尾受到了福吉本人的强烈质疑，他指责学校的教学大纲完全不受魔法部控制，让学校变成了一个社会中的社会。[143] 这个小社会里的工作人员由校长而非魔法部部长任命，并因此而受到指责，还为霍格沃茨保持国中之国的状态、成为当权者潜在的制衡势力推波助澜。这在我们的社会中是无法想象的，毕竟我们的学校是一种服务于公共权力和政策的机构。

学校本质上是学习的地方，它负责向学生们，即未来社会的栋梁，传授各学科知识，也负责维护执政者为保障公共利益和"共同生活"而努力塑造的秩序。在《哈利·波特与火焰杯》结尾部分"分道扬镳"一章中可见，当青年一代站起来成为"吹哨人"，那么现有的稳固"制度"维护者便会感到恐慌。实际上，整个巫师社会对邓布利多的认可度高于魔法部部长，当哈利在邓布利多的支持下，向愿意听从他的人发出伏地魔归来的警告时，福吉一下子慌了，担心大众从单一的思维和盲目的信任中清醒过来。[144] 而邓布利多回答说，自己对官职的迷恋令他迷失了方向。[145]

到此时，霍格沃茨便知晓了魔法部的权力架构。福吉无法在城堡内肆意横行，也不能随意惩罚人，只能简单地提出一些建议和期许，再由校长自行决断。这种对特权的限制令人想到，任何加入教会机构的人都拥有庇护权，世俗权力在教会机构中是无法发挥作用的。

于是，政治制度突然偏向专制，而学校就是它的主要攻击目标。教学大纲被条条框框限制住，教师队伍的任命也以政治为导向。政权的制衡力量不复存在，那些有"自主"思想的个体，无论是学生还是教师，都被整体排斥在外。《哈利·波特与凤凰社》中的霍格沃茨，与《哈利·波特与死亡圣器》中的霍格沃茨已经没什么区别了。

无论何种情况下，学校在运行方面都是专制的，本质上都是极权的。专制主义的主要特点在于权力泛滥，而极权制则在于权力过度渗入私人生活。霍格沃茨由此成了一座"几乎普普通通的"学校，因为21世纪的学校将尚不完备的教育或规训体系填得满满当当，从而渗入家庭私生活。从这个意义上说，现代教育体制同霍格沃茨一样，有时也不得不借助教育来实现训导。邓布利多和海格对哈利都是如此，这两人都要代替对哈利漠不关心的德思礼一家和哈利已故的父母来教育哈利。教育和学校权威的形式可能因政治制度和社会道德等因素而有所不同。因此，在邓布利多和福吉决定政治上的"分道扬镳"之前，霍格沃茨能避免专制，然而学校内在的极权本质始终都存在。

贝克特与亨利二世的分道扬镳 & 福吉和邓布利多的分道扬镳

福吉和邓布利多的"分道扬镳"并非随口一说,它影射的是上文中已经提到过的英格兰历史上的另一个时期:托马斯·贝克特与金雀花王朝的亨利二世之间的政治对决。国王意欲让王国中的教会成员服从世俗裁判的管辖,同时也为了促进法律与秩序的进步,颁布了《克拉伦登法典》[146]——这是一个法律工具,完全以在宗教领域扩大权力范围为目的。

抛开当年颇具争议的《克拉伦登法典》,宗教权力与世俗权力之间的对决实际上时有发生,而且涉及所有欧洲国家不同阶段的历史。"贝克特是联结王室与教会两个世界的桥梁。"[147] 邓布利多也是如此。魔法部部长经常向这位校长征求建议,邓布利多本人也在威森加摩占有席位,像晋升为英格兰宗主教之前的贝克特一样,承担宗教裁判的职务。邓布利多既像兰弗朗克(1070—1089 年担任坎特伯雷大主教)一样是君主的支持者,又像贝克特一样扮演着年轻王子导师和教育者的角色;既要为学校和学生的利益考虑，又要为英格兰人民的利益行事。邓布利多也像一座桥梁，一头是霍格沃茨，负责教育未来社会的积极分子；另一头是魔法部，负责管理和保障魔法世界对公民自由的尊重。

福吉则不但与英国首相张伯伦（1937—1940年在任）颇为相似，而且同亨利二世一样，犯下了类似的错误——羞辱了他最大的敌人邓布利多。贝克特和邓布利多分别受到很多王国贵族、教会要员和魔法部职员、霍格沃茨学生及教员的尊敬和优待。但福吉通过任命多洛雷斯·乌姆里奇做出了他政治上的"死亡判决"，正如亨利二世任命贝克特为坎特伯雷大主教。因为"亨利二世依靠贝克特在教会内部打通王室的政治脉络"。福吉也抱有同样的意图，他所寻求的目标是培植新的耳目乌姆里奇，用他来控制邓布利多及其一众潜在的追随者。

这正是12世纪典型的政治对决，"世俗的国王和王子与教皇就裁判范围和权力的问题争得不可开交"[148]。

在《哈利·波特与凤凰社》中，福吉颁布了一系列教育令，使霍格沃茨发生了重大变化。就像《克拉伦登法典》干涉教会法一样，福吉的教育令也同学校规章制度混杂在一起[149]，暗示霍格沃茨校长有渎职的政治罪行，导致其因谋反被追责。可见,贝克特和邓布利多在世俗权力面前都负有刑事责任。魔法部部长则同亨利二世一样,得以打入一个不受贝克特和邓布利多控制并威胁到二人权威的机构/制度,导致二人被迫逃亡。

但与贝克特不同,邓布利多在凤凰福克斯的帮助下成功逃脱[150],而凤凰正是教廷的象征物。

邓布利多、凤凰、蛇怪和罗马教廷

"根据一种非常古老的传统,凤凰是基督学完美的象征之一。[151]该传统至少可以追溯到《博物学家》(*Physiologus*)这本书。"凤凰"是救世主的代表"[152]。

在罗马,"博物馆中保存着一幅镶嵌画的残片,画上的凤凰……呈红色和白色[153],迄今还能欣赏到"。福克斯是红色的,而它的主人"白"得就像一件教袍[154]。另外,还有一个有趣的细节:"凤凰独来独往、独一无二,象征'不死的高贵',而这种高贵感也赋予了临时拥有凤凰的人。"凤凰可以永生,它同时象征着"作为个体的教皇和作为不朽机构的罗马教廷"[155]。因此,凤凰除了能强化邓布利多象征符号的力量,而且很可能代表在某个特定时刻邓布利多手中的教皇权威,因为福克斯出现在密室中绝非偶然。

罗马教会还把蛇怪写进了自己的历史传说中,就像霍格沃茨的做法一样:无论是学校里曾经的住客还是现任住客,都搞不清宾斯教授所言的"事实"里有哪些是传说。

蛇怪有很多种,但我们感兴趣的蛇中之王,正是盘踞在"位于圣路济亚大教堂周围的那些阴暗隐秘的洞穴"[156]的那一只,看一眼便杀人于无形。

据说,"勇敢的教皇'朝这些洞穴'走去,'像一位冒着生命危险的好牧羊人,既保护母羊,又对天主充满信心'"[157]。

《诗篇》第90篇预言教皇将走在"蝮蛇和蛇怪身上"[158],因此他便更加从容,更有信心。这个版本的预言则令人想起关于哈利和伏地魔的预言。哈利进入城堡的深处,遭遇蛇中之王蛇怪,以及伏地魔,他是蛇怪主人斯莱特林的后代和遗产继承者。哈利像对天主充满信心的教皇利奥四世那样深入城堡,而他的天主就是邓布利多。福克斯之所以飞去帮他,不但因为哈利仍然相信自己的老师,也因为哈利急匆匆地回答说,阿不思·邓布利多确实是世界上最伟大的巫师,并没有人们想象中"那么遥不可及"[159]，就像基督本人，以及根据教规应无处不在、无所不知的基督教会一样。哈利在密室中取得的胜利，既是邓布利多这位教皇的胜利，也是哈利这位基督骑士的胜利。

"教皇冒着生命危险，扮演了拯救者的角色，这将其形象与预言称战胜'蝰蛇和蛇怪'的基督拉近了。"[160] 邓布利多力图战胜"蝰蛇和蛇怪"的"拯救者"形象，随着小说的推进逐步建立起来，最终在天文塔顶端破茧而出。不过，也不能因此忽视此前分析的洞穴中的那段情节。

邓布利多是继雷古勒斯·布莱克之后唯一发现魂器真实存在并一个接一个地毁掉魂器的人。他与哈利一同闯入洞穴，并为保护自己的同伴，毫不犹豫地以身犯险，割伤手掌，从而得以深入洞穴，甚至喝下那可怕的药水。邓布利多扮演这种"拯救者"角色的目的在于战胜"蝰蛇和蛇怪"。蝰蛇代表魂器，而魂器之一便是一条蛇。同另外6个魂器一样，这条蛇服从于它的"灵魂统帅"[161]，即蛇中之王——蛇怪，也就是伏地魔的肉身。

邓布利多创建了凤凰社，就相当于承认了这种神职，就像创建了圣殿骑士团的教皇。

【注释】

1. J.K. 罗琳,"第 15 章:霍格沃茨的高级调查官",载《哈利·波特与凤凰社》,第 350 页。
2. 两头政治,指两位君主或者首脑共同指挥的政治形式,二人均掌握着某种必须分享的政治权力。法兰西第五共和国总统和总理分享权力、共同执政期间,呈现的正是这种政府制度。
3. 值得明确的一点是,麻瓜只了解理论上而非实践中的权力分立。威廉·格利亚斯(Williane Goliasse)也指出了这一点。见其"巫师世界中不成文的宪法:关于魔法世界中宪法合理性的思考"(*La constitution non écrite du monde des sorciers: Considérations sur la légitimité constitutionnelle dans le monde magique*),载瓦莱尔·恩迪奥尔(主编),尼古拉·卢索主编《哈利·波特传奇故事中的法律》。
4. 于勒·特鲁梭(Jules Trousset)主编,《新插图版百科辞典》(*Nouveau dictionnaire encyclopédique universel illustré*),第一卷,巴黎,E. Girard et A. Boitte,1888,第 735 页。
5. 出处同 4,第 735 页。
6. 有必要指出的一点是,从亨利二世的母亲马蒂尔达皇后(1102—1167 年在位)开始的所有英格兰君王,以及从大卫一世(1093—1097 年在位)开始的所有苏格兰君主都是彻迪克(第一任韦塞克斯国王)及后来的苏格兰的玛格丽特(1069/1070—1093 年在位)的后代。
7. J.K. 罗琳,《哈利·波特与凤凰社》,第 233 页。
8. 此处为笔者对雷吉·布瓦耶原文的解述,《韵文埃达》(*L'Edda poétique*),巴黎,Fayard,1992,第 62 页。
9. 即"胖修士"。
10. 雷吉·布瓦耶,《维京人:历史、神话、词汇》,第 613 页。
11. 原文中为斜体。
12. 雷吉·布瓦耶,《维京人:历史、神话、词汇》,第 366 页。

13. 原文中为斜体。
14. 弗朗索瓦·讷夫,《诺曼人的冒险》,第23页。
15. 出处同14,第23页。
16. 雷吉·布瓦耶,《维京人:历史、神话、词汇》,第367页。
17. J. K. 罗琳,《哈利·波特与火焰杯》,第162页。
18. 对天主教教士的称呼。——译者注
19. 见"'哈利·波特'系列作品中的基督形象"(Les figures christiques dans la série Harry Potter),安娜-弗雷德里克·卡巴莱尔-莫谢尔(Anne-Frédérique Caballero-Mochel),第31—42页,载《哈利·波特:改编与解读》(*Harry Potter: adaptations et interprétations*),载皮埃尔·乔尔吉尼主编,《宗教学文集》。
20. J. K. 罗琳,《霍格沃茨为什么需要斯莱特林学院?》(*Why Hogwarts needs Slytherin house?*),载 J. K. 罗琳,《巫师世界》。详见:https://www.wizardingworld.com/features/why-hogwarts-needs-slytherin-house。
21. 摘自《巨人传》(*Grandes et inestimables Cronicques*),由让·马尔卡引用,载《亚瑟王与凯尔特人社会》,第91页。
22. 出处同21,第91页。
23. 斯蒂芬·托马斯·奈特,《梅林:从古至今的知识与力量》(*Merlin: Knowledge and Power Through the Ages*),Cornell University Press,2009。
24. 让·马尔卡,《亚瑟王与凯尔特人社会》,第231页。
25. J. K. 罗琳,《哈利·波特与密室》,第349页。
26. J. K. 罗琳,"探秘霍格沃茨幽灵们的生与死",载 J. K. 罗琳,《巫师世界》。
27. 暗指韦塞克斯第一位国王彻迪克(519—534年在位)。
28. 1法尺=12法寸=0.32484米。——编者注
29. 威尔士的杰拉尔德,《论君主的教育》,由让·马尔卡引用,载《亚瑟王与凯尔特人社会》,第127页。

30. 出处同 29，第 127—128 页。

31. 此处"mesnie"应理解为中世纪的院所。

32. 格兰芬多的名字。——译者注

33. 雷吉·布瓦耶，《维京人：历史、神话、词汇》，第 833 页。

34. 于勒·特鲁梭主编，《新插图版百科辞典》，第三卷，第 530 页。

35. 出处同 34，第 529 页。

36. J. K. 罗琳，"格兰芬多宝剑"（The Sword of Gryffindor），载 J. K. 罗琳，《巫师世界》。详见：https://www.wizardingworld.com/writing-by-jk-rowling/the-sword-of-gryffindor.

37. 圣剑（excalibur），也写作 caliburnus，也拥有凯尔特词源："Chalybs，意为'钢'，caled-fuwulch，意为'结实的一片'"，见马丁·奥雷尔，《金雀花帝国》，同上，第 167 页。完整研究见绍乌·阿莫里（Chauou Amaury），《金雀花王朝意识形态：金雀花王朝时期（12—13 世纪）的亚瑟王室与政治君主制》[*L'Idéologie Plantagenêt. Royauté arthurienne et monarchie politique dans l'espace Plantagenêt (XII*ᵉ *– XIII*ᵉ*) siècle*]，雷恩，Presses universitaires de Rennes，2001。

38. 让·马尔卡，《亚瑟王与凯尔特人社会》，第 65 页。原文中为斜体。

39. R.-J. 蒂博，《北欧和日耳曼神话与符号词典》，第 126 页。

40. 出处同 39，第 127 页。

41. 出处同 39，第 127 页。

42. 出处同 39，第 127 页。

43. 后世还有好几个布赖恩：芒斯特国王、爱尔兰至高王布赖恩·博卢（具体在位时间不可考），传说是对抗斯堪的纳维亚入侵者（丹麦人）的英雄中最先统一国家的人之一；还有无政府状态期间亨利一世王和玛蒂尔达王后的拥护者瓦林福德的布赖恩。研究了这些人各自的主要生平后，笔者发现，他们与青年时期或者提前退休的阿不思·邓布利多之间的联系并不明显。因此，笔者最终选中了吉尔贝森林的布赖恩，他与青年时期的邓布利多有更多相似之处，特别是在他对他人的看法和他本人的性格方面。

44. 阿兰·于莫（Alain Jumeau），"序言"，载沃尔特·司各特，《艾凡赫》，巴黎，Le livre de Poche，"口袋书经典"丛书，第4版，2016，第21页。

45. 出处同44，第91页。

46. 阿兰·于莫，"序言"，载沃尔特·司各特，《艾凡赫》，第22页。

47. 出处同46，第22页。

48. R.-J. 蒂博，《北欧和日耳曼神话与符号词典》，第327—328页。

49. 出处同48，第446页。原文中为斜体。

50. R.-J. 蒂博，《北欧和日耳曼神话与符号词典》，第446页。原文中为斜体。

51. 出处同50，第446页。

52. J. K. 罗琳，《哈利·波特与死亡圣器》，第733页。

53. 米歇尔·帕斯图罗，《中世纪动物寓言集》，第87页。

54. 米歇尔·帕斯图罗，《中世纪动物寓言集》，第85页。

55. 罗兰·马克思（Roland Marx），《大不列颠史》（*Histoire de la Grande-Bretagne*），第24页。

56. 出处同55，第25页。

57. 约翰·赫德森（John Hudson），《阿宾登教堂史》（*Historia Ecclesie Abbendonensis*）卷一《阿宾登教堂的历史》（*L'histoire de l'église d'Abingdon*），Clarendon Press，"牛津中世纪文集"丛书，2007，第201页。

58. J.K. 罗琳，"戈德里克无疑是一个超越了他所处时代的人"（Godric was a man, certainly, ahead of his time），载 J.K. 罗琳，《巫师世界》。详见：https://www.wizardingworld.com/features/stories-of-the-hogwarts-founders。

59. 米歇尔·帕斯图罗，《中世纪动物寓言集》，第83页。

60. 完整研究见让-克洛德·贝尔福尔（Jean-Claude Belfore），"蛇、龙、游蛇、蝰蛇"（Serpent, Dragon, Couleuvre, Vipère），载《古代信仰与象征词汇》（*Dictionnaire des croyances et symbols de l'Antiquité*），巴黎，Larousse，"In Extenso"丛书，2010，第917—935页。

61. 让-克洛德·贝尔福尔，"蛇、龙、游蛇、蝰蛇"，载《古代信仰与象征词汇》，第917页。

62. 出处同61，第917页。

63. J.K. 罗琳，"霍格沃茨的幽灵"，载 J.K. 罗琳，《巫师世界》，同上。

64. 出处同63。

65. 出处同63。

66. J.K. 罗琳本人曾在 Poudlard.org 网站上的一篇采访中这样说过。详见：https://www.poudlard.org/2011/08/13/chat-avec-j-k-rowling-30-juillet/。

67. 乔治·米努瓦（George Minois），《亨利八世》（*Henri VIII*），巴黎，Fayard，1989，第306页。

68. J.K. 罗琳，《哈利·波特与凤凰社》，第238页。

69. J.K. 罗琳，《哈利·波特与死亡圣器》，第726页。

70. 出处同69，第658页。

71. J. K. 罗琳，《哈利·波特与凤凰社》，第451页。

72. 此处为笔者对米歇尔·帕斯图罗原文的解述，《黑色：一种颜色的历史》（*Noir: Histoire d'une couleur*），巴黎，Points Histoire，2014，第26页。

73. 米歇尔·帕斯图罗，《黑色：一种颜色的历史》，第85页。

74. 米歇尔·帕斯图罗，《一段西方中世纪符号史》，第251页。

75. 出处同74，第248—249页。

76. 此处为笔者对米歇尔·帕斯图罗原文的解述，《红色：一种颜色的历史》（*Rouge: Histoire d'une couleur*），巴黎，Points Histoire，2014，第64页。

77. 出处同 76，第 64 页。
78. 米歇尔·帕斯图罗，《纹章图形》（*Figures de l'héraldique*），巴黎，Gallimard，"Découvertes Gallimard" 丛书，2013，第 20 页。
79. 米歇尔·帕斯图罗，《纹章图形》，第 20 页。
80. 米歇尔·帕斯图罗，多米尼克·西蒙奈，《颜色手册》（*Le Petit Livre des couleurs*），巴黎，Points Histoire，2014，第 19 页。
81. 出处同 80，第 71 页。
82. J.K. 罗琳，"颜色"（Colours），载 J.K. 罗琳，《巫师世界》。详见：https://www.wizardingworld.com/writingby-jk-rowling/colours。
83. J. K. 罗琳，《哈利·波特与密室》，第 211 页。
84. J. K. 罗琳，《哈利·波特与死亡圣器》，第 781 页。
85. 米歇尔·帕斯图罗，《一段西方中世纪符号史》，247 页。
86. 此处为笔者对米歇尔·帕斯图罗原文的解述，出处同 85，第 273 页。
87. 米歇尔·帕斯图罗，《黑色：一种颜色的历史》，第 86 页。
88. 米歇尔·帕斯图罗，《蓝色：一种颜色的历史》（*Bleu: Histoire d'une couleur*），巴黎，Points Histoire，2014，第 19 页。
89. 米歇尔·帕斯图罗，《红色：一种颜色的历史》，第 55 页。
90. 出处同 89，第 89 页。
91. J.K. 罗琳，《哈利·波特与密室》，第 335 页。
92. 此处为笔者特意强调。
93. 由米歇尔·帕斯图罗翻译成现代法语。摘自《巴尼斯特条约》（Traité de Banyster），由 C. 布德罗（C. Boudreau）编订，《传令官的象征遗产：古代徽章教学百科词典（14—16 世纪）》[*Dictionnaire encyclopédique de l'enseignement du blason ancien (XIVe-XVIe S.)*]，巴黎，2006，卷二，第 781 页。由米歇尔·帕斯图罗引用，《红色：一种颜色的历史》，第 84 页，注 31。
94. 米歇尔·帕斯图罗，《绿色：一种颜色的历史》，第 84 页。

95. 米歇尔·帕斯图罗,《红色:一种颜色的历史》,第 86 页。

96. 出处同 95,第 82 页。

97. 此处为笔者对米歇尔·帕斯图罗原文的解述,《红色:一种颜色的历史》,第 85 页,注 32。

98. 米歇尔·帕斯图罗,《一段西方中世纪符号史》,第 58 页。

99. 出处同 98,第 59 页。

100. 出处同 98,第 59 页。

101. 出处同 98,第 63 页。

102. 完整详尽的研究可见奥古斯蒂诺·帕拉维奇尼·巴格利亚尼(Agostino Paravicini Bagliani),《教皇的动物寓言集》(*Le Bestiaire du pape*),巴黎,Les belles lettres,"历史"丛书,2018。

103. 米歇尔·帕斯图罗,《红色:一种颜色的历史》,第 35 页。

104. J. K. 罗琳,《哈利·波特与密室》,第 349 页。

105. 后文中还出现了"坏黄色"的说法,作者想表达这些颜色曾经都代表着美好的意象,但后来开始具有负面含义,因此变成了"坏颜色"。——译者注

106. 米歇尔·帕斯图罗,《绿色:一种颜色的历史》,第 54 页。

107. 出处同 106,第 53 页。

108. 出处同 106,第 53 页。

109. 出处同 106,第 80 页。

110. J. K. 罗琳,"颜色",载 J. K. 罗琳,《巫师世界》。

111. 米歇尔·帕斯图罗,多米尼克·西蒙奈合著,《颜色手册》,第 9 页。

112. 出处同 111,第 61 页。

113. 出处同 111,第 64 页。

114. 出处同 111,第 67 页。

115. 米歇尔·帕斯图罗,《绿色:一种颜色的历史》,第 65 页。

116. 出处同 115,第 106 页。

117. J. K. 罗琳，《哈利·波特与死亡圣器》，第 481 页。

118. J. K. 罗琳，《哈利·波特与混血王子》，第 616 页。

119. 出处同 95，第 618 页。

120. J. K. 罗琳，"颜色"，载于 J. K. 罗琳，《巫师世界》。

121. J. K. 罗琳，《哈利·波特与混血王子》，第 622 页。

122. 米歇尔·帕斯图罗，《绿色：一种颜色的历史》，第 108—109 页。

123. 出处同 122，第 112 页。

124. 出处同 122，第 72 页。

125. 米歇尔·帕斯图罗，与多米尼克·西蒙奈合著，《颜色手册》，第 13 页。

126. 此处为笔者对米歇尔·帕斯图罗原文的解述，《颜色手册》，第 25 页。

127. 关于这一主题，可见乔治·杜比（George Duby），《12 世纪的女性权贵》(*Dames du XIIe siècle*)，巴黎，Gallimard，"Folio Histoire"丛书，2020。

128. J. K. 罗琳，《哈利·波特与死亡圣器》，第 623 页。

129. 出处同 128，第 627 页。

130. 奥古斯蒂诺·帕拉维奇尼·巴格利亚尼，《教皇的动物寓言集》，第 210—211 页。

131. 希腊神话中的百眼巨人。——译者注

132. 出处同 130，第 211 页。

133. 出处同 130，第 227 页。

134. 出处同 130，第 228 页。

135. 罗马的吉尔斯（1247—1316 年），意大利神学家和哲学家。——译者注

136. 此处为作者的解述，出处同上，第 229 页。

137. 出处同 136，第 230—231 页。

138. 教皇英诺森三世（1161—1216 年）曾要求犹太人必须佩戴一种黄色的圆片，用于识别他们的犹太人身份。——译者注

139. 米歇尔·帕斯图罗，《一段西方中世纪符号史》，第 164 页。

140. 此处为笔者对米歇尔·帕斯图罗原文的解述,出处同 139,第 231 页。
141. 出处同 139,第 164 页。
142. 米歇尔·帕斯图罗,《中世纪动物寓言集》,第 27 页。
143. J. K. 罗琳,《哈利·波特与火焰杯》,第 630 页。
144. 出版同 143,第 628 页。
145. 出处同 143,第 629 页。
146. 丹·琼斯,《金雀花王朝》,第 79 页。
147. 出处同 146,第 76 页。
148. 丹·琼斯,《金雀花王朝》,第 76 页。
149. 见福吉和哈利之间的对话,载于 J. K. 罗琳,《哈利·波特与凤凰社》,第 685 页。
150. J. K. 罗琳,《哈利·波特与凤凰社》,第 698 页。
151. 奥古斯蒂诺·帕拉维奇尼·巴格利亚尼,《教皇的动物寓言集》,第 202 页。
152. 出处同 151,第 202 页。
153. 出处同 151,第 202 页。
154. 原文如此,作者意在表达邓布利多的严肃性和权威性。——编者注
155. 出处同 151,第 204 页。
156. 奥古斯蒂诺·帕拉维奇尼·巴格利亚尼,《教皇的动物寓言集》,第 42 页。
157. 出处同 156,第 44 页。
158. 出处同 156,第 44 页。
159. J. K. 罗琳,《哈利·波特与密室》,第 330 页。
160. 出处同 159。
161. 此处借用了亨利的名诗《成事在人》(*Invictus*)中的说法。

第四部分

历史上的故事

"想象始终是现实的映像和模型。"

——米歇尔·帕斯图罗 [1]

"但故事里没提到'死亡圣器'这个词呀……"

——赫敏 [2]

"密室就曾被当成一个传说,不是吗?"

——罗恩 [3]

本部分将有意淡化政治史和编年史,让位于一种没那么明显的历史:传说、神话的历史,以及某种程度上是当代人和作家灵感来源的文学的历史。这些学科在对文明史的研究和理解中也发挥着作用。中世纪文学以及距离当代更近一些的古典文学,在成为人类集体想象的同时,也成了作者祖国的遗产。

当代文学是古典文学的女儿,英雄幻想文学则是哥特文学的孙女,它延续着哥特文学,但也有自己的与众不同之处,令读者得以在作品人物身上和情节里看见自己。

在"哈利·波特"系列中,有些人物是另外一些人物的继承者,后者被历史法则推为崇拜的对象。"哈利·波特"系列之所以能和之前的《指环王》一样载入史册,不正是因为两个故事之间有相似之处吗?J. R. R. 托尔金也从斯堪的纳维亚传奇故事和北欧神话中汲取灵感[4],从而在延续与中断、传统与创新之间形成了一种完美的平衡。没有这种平衡,英雄幻想文学以及更广义的文学都将废弃过时。

基于以上原因,本部分将着重阐释"哈利·波特"系列小说中的重要主题。斯内普和邓布利多身上都有哲学的、历史的一面,这在文学史上是不可忽视的。同样,笔者也认为很有必要阐释伏地魔与哈利之间的关系在神话中的起源,这种关系绝非仅仅起源于魂器。

17

邓布利多：魔法师与圣杯骑士

※

尽管今天家喻户晓的凯尔特史诗与亚瑟王传奇之间有着几乎密不可分的关系，我们还是有必要按不同时期，从不同的史诗与历史角度来审视邓布利多其人。邓布利多影射的并非某些特定的历史人物，而是在不同文明中受人崇敬的宗教职务。

邓布利多并非一直是从《哈利·波特与魔法石》到《哈利·波特与混血王子》中那种教皇或者大主教的形象。在《哈利·波特与死亡圣器》中，邓布利多表现得更加"阴郁"：他变成了一个普通男人，也有弱点、缺点和优点——

但并不总是按这个顺序出现。

针对邓布利多这个人物角色,已经有不少从古代人物、政治学和宗教学角度出发的分析研究。若依现有证据,将引导哈利的邓布利多与引导亚瑟的梅林之间做比较,可发现邓布利多的性格中某些尚不为人知的特点。

邓布利多与死亡圣器:一个未来的凯尔特和亚瑟式人物

同哈利一样,读者们或许也难以想象一个年轻的、完全与稳重不沾边的邓布利多。然而,邓布利多围绕"大局"的统治构想令我们开始思考,什么是他的真实本性,以及他在生命中不同时期所反映出的不同历史人物与职务是怎样的情况。

阿不思·珀西瓦尔·伍尔弗里克·布赖恩·邓布利多——克雷蒂安·德·特罗亚笔下的珀西瓦尔的青年时代

"一个年轻而不谙世事的'傻瓜',历经重重考验,蜕变为成熟稳重之人,这便是克雷蒂安·德·特罗亚(Chrétien de Troyes)最后一部亚瑟王系列小说《珀西瓦尔或圣器的故事》(*Perceval ou le Conte du Graal*)的主题。"[5]

至此，基调已定。

我们这里要说的正是圆桌骑士之一——年轻的珀西瓦尔。上面的描述与丽塔·斯基特在《邓布利多的生平与谎言》中刻画出的形象同样令人大感意外。是否正出于这一原因，J. K. 罗琳才把珀西瓦尔定为邓布利多的第二个名字呢？毕竟，年轻的邓布利多既不是傻瓜，也远不算成熟稳重。

克雷蒂安笔下的珀西瓦尔有时表现为一个"年轻的威尔士人，与自己的寡母一同生活在加斯特森林的庄园里……珀西瓦尔偶然邂逅了5位如天使般英俊的骑士，被其深深吸引，决定出发前往亚瑟的王廷，成为一名骑士"[6]。因此，我们可以认为这种形象基本上符合与坎德拉、阿利安娜和阿不福思一同隐居的邓布利多形象。邓布利多随后便邂逅了令他着迷的格林德沃，并追求威望、认可和解放——这与珀西瓦尔完全一致。这两个人都十分骄傲自满，且热衷冒险。

邓布利多其名在古日耳曼语中有"狼"的意思。名如其人，青少年时期的邓布利多"残忍、贪婪、诡计多端、谎话连篇且充满欲望"，这正是人们直到19世纪时对狼的看法。米歇尔·帕斯图罗甚至认为,"狼"一词在欧洲的根源始终与目光以及被人看到的渴望有关。这一词源与狼能夜视有关,就像邓布利多也能看到肉眼凡胎看不到的东西。

不过,同很多希望征服权力的人一样,邓布利多也要获得某种正当性。"凯尔特元素"始终是克雷蒂安·德·特罗亚的《珀西瓦尔》的"故事主线"[7]。这些"元素实际上是一场对异界宝物的追寻,主人公必须取回这些宝物,他曾犯下的某个错误才能被原谅,或者他能赢得所宣示的主权。人们会注意到,珀西瓦尔同时属于这两种类型,他命中注定要成为渔夫王"[8]。"阿尔摩里克半岛的民间传说中经常出现同样的元素:一个年轻人离开父母,追寻财富,在遭遇了一系列情况之后,获得了属于异界的秘密或者物品。"[9]邓布利多身上兼具上述所有特点。他甚至对哈利说自己曾"寻找过征服死亡的办法"[10],而哈利进一步明确:"是圣器,不是魂器"[11]。

珀西瓦尔同邓布利多一样,也曾经历过失去妹妹的悲痛。走出悲痛后,珀西瓦尔在自己的征程中发生了翻天覆地的改变。最后,邓布利多还与《艾凡赫》中的圣殿骑士布赖恩·布瓦吉贝尔(邓布利多全名中第四部分的来源[12]）十分相像，也是举世无双的战士，却屈服于自己的欲念。

直到妹妹阿利安娜遇害，邓布利多才放弃自己最强烈的欲念：权力。[13] 不过，他从未放弃过对死亡圣器的追寻。

死亡圣器：小说中的另一座圣杯

死亡圣器以《珀西瓦尔或圣器的故事》中提到的圣器为蓝本，后者也被称为异界之物。邓布利多即便没有接受魔法部部长一职，也未曾放弃追寻死亡圣器。这便是他与伏地魔和格林德沃之间的区别。

就像 J.K. 罗琳以《坎特伯雷故事集》为灵感创作出《诗翁彼豆故事集》一样，寻找圣杯这一主题中也带有宗教的意味[14]。所以说，死亡圣器暗含一种有关《圣经》的象征意义，邓布利多、詹姆·波特和莉莉·波特的墓志铭就引自《圣经》，只不过波特夫妇的墓志铭首先表现的是一种向对手挑战的凯尔特传统[15]。

人们对亚瑟王的评价"褒贬不一"[16]，亚瑟王是一个具有双重意义的人物。邓布利多也是如此，他走上了与格林德沃甚至是伏地魔相同的道路——三个人都意图战胜死亡，寻求永生。就像传说中的亚瑟王有两种形象，"哈利·波特"系列中也存在两种圣杯。邓布利多和格林德沃认为可以用圣器战胜死亡,而伏地魔则更青睐魂器。这些人正代表了一枚硬币的两面。

在寻找圣器这一主题中,中世纪的基督象征与凯尔特象征的关系尤为纠缠不清。J.K.罗琳也如法炮制,特别是在描写伏地魔复活的片段:伏地魔利用祭品的血(耶稣受难)在一口锅中复活。这口锅与象征着圣杯传奇形象的那口取之不尽的神锅十分相似,而神锅又是圣杯的另一种传说形象,与耶稣最后的晚餐上的圣杯形成对照。这口取之不尽的神锅通常被描述为"中世纪圣杯的前基督教原型(……这口锅也是一种复活工具,死者被扔进锅中,再出来时便成为活人)"[17]。

邓布利多和珀西瓦尔都知道,为了能充分发挥自己的才干,获得统治合法性,以便登上觊觎已久的职位,他们就必须找到圣杯。

不过,就像克雷蒂安·德·特罗亚的作品一样,邓布利多的追求最终也半途而废。

邓布利多将死亡视作一个阶段,而非一种结局。这时他采纳的正是一种德鲁伊教祭司(凯尔特人)所信奉的哲学和姿态。

邓布利多：杰出的凯尔特首领

德鲁伊教祭司的哲学——邓布利多，一位"蛮族"哲学家

德鲁伊教祭司首次为人所提及时，被描述为"与袄教[18]祭司、迦勒底预言者等其他东方智者比肩的哲学之父"[19]。任何读者和关于"哈利·波特"系列的研究都会承认，邓布利多是该系列故事中的哲学家。不过，同赫敏和斯内普一样，邓布利多也很难被归类或被贴上什么标签，或者被赋予某种单一的性格特征。邓布利多不仅是一位骑士，一位德鲁伊教祭司哲学家，更可以被视为一位教皇或大主教。从任何角度来说，邓布利多都更像是一位"凯尔特式国王"[20]。

在凯尔特社会中，这位国王是"一位精神领袖，其权威只能通过某种没有确定边界的社会背景并且只能在当下行使"[21]。换句话说，邓布利多就是实际上的国王，而非"法定的"国王，他擅长利用自己的精神力量影响事件走向，只是他没有像当代宪法规定的每个机构的权力范围那样，根据成文法被宣告为王。这也是罗马领袖和凯尔特领袖之间一个巨大的不同之处。凯尔特领袖从"精神"和"哲

学"角度出发思考,而罗马领袖则从"实践"和"政治"[22]角度出发思考。

根据这些因素可以看出,与其说邓布利多是一位古希腊哲学家,倒不如说他是"蛮族哲学家"。

凯尔特人的死亡观

邓布利多、伏地魔和格林德沃都痴迷于异界之物,但邓布利多与后两者不同,他从"精神"和"哲学"角度出发,将死亡视作"长生之境"。[23]

哈利在禁林里中了死咒后,又重新进入了一片"明亮的薄雾里""地面似乎是白色的"[24]。白色,在历史学家眼中才是真正的颜色,象征着"生命、死亡,或许还象征着一丝业已失去的纯洁(这就是我们如此憎恨它的原因吗?)"[25]。邓布利多也进入白雾后,向哈利讲述了他应该知道的一切,因为哈利仿佛已经成为一名成年男子,并找回了完整的灵魂,但也在此过程中失去了身上最后一点孩童般的纯洁。更不消说邓布利多还向哈利吐露心声,并第一次采取了一种平等的姿态。呈现在我们面前的,是两个正常对话的成年人。

最后,哈利没有进入异界,但也不在人间。他周围的白色酷似生命在人世间的初始和终结,因此哈利实际上处于两界之间，这个地带象征着他生命的终结和死亡的开端。《哈利·波特与死亡圣器》中"国王十字车站"一章，反映的正是凯尔特人对死亡的看法。

邓布利多摆脱了对荣誉的贪念和对权力的追求，吸收了凯尔特人关于"无形世界"的信仰。这个世界"并非处在地下的某处，某个阴暗险恶的角落：这异界就在我们身边，离我们很近，有点像圣杯的城堡（也就是上文提到的渔夫王的城堡），唯睁开双眼之人才能看到它"[26]。

一位酷似凯尔特亚瑟王的领袖

因此，邓布利多是一个亚瑟王式的凯尔特领袖：他"不是国王，而是国王的召集者，领袖中的领袖，只是没有法定的实权"[27]。他不过是校长兼威森加摩的成员，扮演的角色与魔法部部长本人同等重要，只是未经官方承认。邓布利多有点像是"众人期待就当下危机给出解决方案的那个人"[28]。如果抛开一切基督学形象，从德鲁伊教祭司角度分析邓布利多，可以明显看出，此人代表的是历史上那些负责约束政治权力的人物。

除此之外，邓布利多身边还出现了各种凯尔特世界中十分常见的事物：胡子（"既象征着力量，又象征着荣誉"[29]），以及极具凯尔特特色的野猪，这种动物还出现在他的弟弟阿不福思位于霍格莫德的店铺招牌上。

很多波特迷强调邓布利多与梅林十分相似，但邓布利多与凯尔特神话中的亚瑟王和德鲁伊教祭司的联系更为紧密。

邓布利多：德鲁伊教校长和教授

邓布利多教育青少年学生，就像任何一位德鲁伊教神学家都会做的那样。德鲁伊神学家"不但承担宗教事务，也要承担审判和教学任务以及监督政治权力"[30]。即便拿他给哈利上的"课"来说，邓布利多仍然属于这类人，因为"德鲁伊教祭司讲授灵魂的不朽，以延续战士的勇气，减少或者消除其对死亡的恐惧"[31]。

因此，邓布利多之所以在幻境中的国王十字车站看到哈利时惊喜不已，不正是因为他完成了德鲁伊教祭司的使命，令哈利消除了他对死亡的恐惧吗？而哈利之所以在陆续获得圣器后，成了死亡的主人，不也正是多亏了邓布利多对他的德鲁伊教祭司式的教育吗？答案显然是肯定的。不过，小说中还有另外一位类似德鲁伊教祭司的人物，同邓布利多一样，既是德鲁伊教祭司，也是骑士。

这个人物就是西弗勒斯·斯内普。

18

斯内普：
黑骑士与德鲁伊教祭司

※

斯内普这个人物的外貌和服装特征，与他所代表的颜色的象征意义同样具有双重内涵。小说中有两个斯内普——这位魔药专家身负两种黑色，分别对应其人生中的某一个阶段，而且都完美地呈现出了此人的人格。斯内普从头到脚一身黑，甚至可能是小说中最忠实于黑色历史的人物。

发光的黑色

白色、红色、黑色：围绕哈利的颜色三等分

在12世纪,"白色象征着纯洁和天真,黑色象征着节制和痛苦,红色象征着基督的血及为基督倾注之血、耶稣受难、殉道、牺牲和神圣之爱"[32]。

"从墨洛温王朝时期到封建时代,契据、编年史和文学文本中有很多具有'白色''红色'或'黑色'品质的现实或虚构人物。"[33]在"哈利·波特"系列中,白色对应阿不思(邓布利多),红色对应鲁伯(海格),黑色对应斯内普。这种三等分在作品中反复出现,既可能体现在某些人物的外貌特征上,也可能体现在其性格或穿着上。罗琳本人也承认,之所以选择阿不思和鲁伯这两个名字,正是因为这两个人物的脾气秉性互补,能够更好地满足哈利的需求。还需注意到的一点是,伏地魔的黑色长袍下是白色的皮肤,反衬出他红色的眼睛。

虽然读者读到《哈利·波特与死亡圣器》结尾,才能理解斯内普在保护和教育哈利的过程中所扮演的角色,但围绕斯内普周身的黑色完美地呼应了作家们曾赋予人物的

那种黑色,即在小说中,黑色始终扮演着"双重角色:在严厉中懊悔,在优雅中高傲"[34]。

斯内普的两种黑色:两副面孔的写照

同霍格沃茨纹章研究中提到的其他颜色一样,黑色也分好几种。如果以西弗勒斯·斯内普为研究对象,我们还会发现更多种黑色。

斯内普这个人物很矛盾,既神秘阴暗,又闪闪发光,总是一身黑,拥有两副面孔。因此,他的穿着自然也是两种黑色,这两种黑色在历史上存在了好几个世纪:"一种黯淡无光,总是令人担忧,动辄能致命……另一种稠密而丰厚,明亮得仿佛可以照亮黑暗,令人能夜视。"[35]黑色作为一种材料和概念,象征"亡者和魔鬼的世界、痛苦和忏悔的时代、罪孽和邪恶的力量"[36];而黑色在中世纪被用在服装上时,"象征着谦逊和克制这两种主要的修行美德"[37]以及"遁世"[38]。不过在很多领域中,黑色总是"痛苦或者忏悔"[39]的标志。

骑士的黑色

在中世纪文学中,"黑骑士几乎总是一个主要人物……

他想隐瞒自己的身份,(不过)终归受善意的驱使"[40]。"黑骑士和他的坐骑从头到脚完全是一身黑。"[41]米歇尔·帕斯图罗所树立起来的黑色形象令人不安,这恰恰符合斯内普的性格和个人成长史。斯内普为爱情放弃了自己黑暗的野心,并且除邓布利多之外,他没有向任何人透露过这一点。邓布利多曾说过,斯内普要求他永远不要把他"最好的一面"透露出去。[42]

悲情斯内普的黑色

黑色"应该象征公权力、法律和权利,甚至新生的政府",这不免令人联想到,斯内普作为一位专横的教授,身上就散发着这种气息。他行事偏狭,不苟言笑,老是一副修士的黑色装扮。修士们曾经身着黑色,以凸显其朴实无华和贞洁的誓言。斯内普决定一生忠于莉莉,因此也披上了修士的黑色——贫穷和节制的代名词,因为"黑色无可避免地与考验、亡者和罪孽联系在一起"[43]。斯内普知道自己犯了什么错误,并且无法原谅自己。这种对错误的评判,这种过度的虔诚,不停地令斯内普回忆起一个人生阶段:曾经的他年轻、孱弱、心理阴暗、羡慕他人,时常带有病态的嫉妒。这是他想彻底封印的记忆。

那时的他,代表的是另一种黑色。

斯内普:爱尔兰凯尔特神话中的德鲁伊教祭司

在主流历史编纂学中,芬恩通常被描述为"虚构的爱尔兰人保护神"[44],他在爱尔兰凯尔特神话中的地位相当于布立吞人[45]凯尔特神话中的亚瑟王:他是芬尼亚勇士的首领,这些勇士的标志是一头雄鹿,而他们对抗的是以凶恶的野猪为标志的一伙人。

一天,芬恩带着自己最好的猎犬去狩猎,发现了一头母鹿,于是与猎犬一同追了出去。但芬恩和猎犬并没有攻击母鹿,而是同它玩耍起来。"芬恩将母鹿带回了自己的城堡,到了晚上,他吃惊地发现,母鹿变成了一位绝美的少女。"这位少女告诉芬恩,这是德鲁伊教黑祭司的魔法,作为对她拒绝祭司示爱的惩罚。但是,"魔法在芬尼亚的城堡里是无效的"。又有一天,黑祭司趁芬恩不在,像巫师利用复方汤剂那样,将自己变成芬恩的模样,并潜入城堡,劫持了这个叫萨迪的鹿女——她已经怀上了芬恩的孩子。黑祭司将萨迪带到了森林里。萨迪生下了一个男孩,而芬恩不懈地寻找男孩,7年后终于找到了。男孩像极了自己的母亲，他告诉父亲，自己在树林里被一头母鹿养大，但母鹿被一个黑衣男人带走了，这个男人还用自己的魔杖触碰了她"[46]。

根据这则名为"追猎美女精灵"的故事，故事中的黑祭司与斯内普（他将预言的部分内容透露给伏地魔，是让波特一家陷入危险的始作俑者）的对照十分鲜明。因为除了黑祭司——邪恶力量和魔鬼的象征——无法进入隐形城堡之外，该故事中的动物还有人物上的寓意：莉莉是母鹿，詹姆是雄鹿芬恩，儿子哈利是小鹿，也是日后在守护神见证下长大的雄鹿。

斯内普嫉妒并诋毁詹姆。同样，黑祭司也是一个嫉妒心极强的人物，他窥视芬恩夫妇，等待恰当时机发起攻击。[47] 萨迪则等待着配得上自己的丈夫[48]，就像莉莉对詹姆是恋人之爱，对斯内普是朋友之爱，但如果斯内普放弃了黑魔法，莉莉也很有可能爱上斯内普。黑祭司被视为芬恩的敌人，因为二人觊觎着同一个女人。这种文学分析能否用在斯内普和詹姆身上呢？这个问题值得思考，因为斯内普也梦想"劫持"莉莉，这是中世纪的习俗，即与自己的心上人远走高飞，避开所有人，与她结为夫妻，就像黑祭司所做的那样。但是，莉莉选择与詹姆白头偕老,住在一栋不受邪恶力量影响的隐形房子里,像芬恩和萨迪一样。

从此,詹姆得以继续在自己的母鹿面前"扮演雄鹿"——他当年还是霍格沃茨学生时就是如此,就像斯内普说的,"只要莉莉在附近,他总是变得傻头傻脑的"[49]。

19

复身、梦境、阿尼马格斯和纳吉尼

✺

"11世纪末的西方社会已经成了一个象征盛行的社会。"[50] 动物不但在纹章和贵族身份的象征中十分常见,而且也出现在基督纪元前的异教文化和古代神话中,这些神话在斯堪的纳维亚半岛一直流传至大约12世纪。随后,中世纪、文艺复兴时期和现代的很多学者都开始关注动物作为身份象征的地位,并最终将目光聚集在了"动物化复身"上,这一现象在北欧神话与斯堪的纳维亚传说中反复出现。

复身是一个北欧的异教概念,说的是"每个人都拥有一个复身,这个复身不光是精神复身,而且很可能是实体复身,而这正是按斯堪的纳维亚语理解时的奇妙之处。复身具有我们的'外形'(hamr),'追随着'(fylgja)我们,是我们的'灵识'(hugr)"[51]。因此,并非只存在"一个独一无二的复身,而是至少有两个:一个是实体复身,有时呈动物形态;另一个是精神复身,也可能表现为动物"[52]。

研究复身这种异教概念,对理解某些现象背后的机制来说十分重要,这些现象从"哈利·波特"系列第三卷开始经常出现。为什么亚瑟王神话中的母鹿或者雄鹿是白色的?为什么我们在故事里完全看不到仙女的踪影?故事里真的没有仙女吗?巫师变形成动物的能力是从哪里来的?伏地魔和哈利之间的联系,是否只以灵魂共存为基础?邓布利多是怎么猜到哈利是魂器,以及亚瑟·韦斯莱在神秘事务司看到的景象不是凭空想象的?

通过研究北欧神话和斯堪的纳维亚文学史,我们可以找到上述所有问题的答案。

雄鹿、母鹿与波特一家

首先，要知道，霍格沃茨始建于大约 10 世纪，当时，野猪还是一种神圣的动物，为狩猎史上西方王国贵族和大人物所青睐。野猪还象征着精神力量和德鲁伊教祭司。[53] 因此，如果你觉得这就是为什么霍格沃茨和附近村子的名字里都含有"猪膘"（lard）一词[54]，以及小酒馆"三把扫帚"与阿不福思的猪头酒吧争买卖的原因，这种猜想是不无道理的。

直到 13 世纪左右，野猪才变成一种邪恶的动物，与象征着复活的基督教动物雄鹿对立起来。[55] 因此，雄鹿第一次出现在"哈利·波特"系列中时便被拟人化：邓布利多向哈利解释说，他的父亲活在他身上，所以哈利的守护神是雄鹿的形象，同时也确认"尖头叉子昨晚出现了"[56]。此外，在象征符号史上，雄鹿是"蛇的敌人，将蛇逼出洞外并将其杀死"[57]。阿尼马格斯只是一群保有某种古老斯堪的纳维亚信仰的巫师，他们认为在基督纪年前的北欧，"魔法师十分擅长改变自身相貌，以各种不同形态示人"[58]。

除了这种骑士形象之外,雄鹿还被赋予了爱情的含义[59]。它在中世纪文学中是一位象征爱情的媒人:白雄鹿将主人公引向女子[60]。因此,詹姆也由于"扮演雄鹿"而被引向了莉莉。

雄鹿的象征符号史上还有一个有趣的细节:雄鹿也是"一种献祭的动物"[61]。波特一家三口中的任何一人都会毫不犹豫地为了亲友牺牲自己:詹姆试图拖住伏地魔,莉莉飞身挡在哈利身前,哈利为救他人走入禁林。哈利还在父亲和白色雄鹿的指引下,前去拯救布莱克——他的教父。

在凯尔特、斯堪的纳维亚和日耳曼的很多传奇故事中,"仙女和某些动物(比如野猪、母鹿和雄鹿)之间都有某种直接联系"[62]。这些异界生命通常会"选择成为某个人的守护化身,陪伴左右"[63],象征着"人的命运,拥有人和动物的形态"[64]。雄鹿和母鹿正是如此。无论是在挪威、斯堪的纳维亚等北欧传说中,还是在"哈利·波特"系列里,它们都是"指引型动物,肯定是仙女的复身"[65]。有时动物复身也可被视作主人公的第二自我,会保留"其动物形态,但只在恰当的地点用这些形态吸引意中人。而地点的选择也绝非随意之举,因为被选中的地方总有水;他会在此地向意中人示爱,并与之结合"[66]。

关于斯内普，倒是不用谈到结合那一步。他将银鹿派到哈利身边，使其陪同哈利去水底寻找格兰芬多宝剑。这一举动展示出了斯内普身上的一部分情感，那就是对莉莉的爱，这种爱化身为一头发光的母鹿。这段情节并无奇异之处，在《蒂奥莱的抒情诗》(*Lai de Tyolet*) 和《维加洛伊》(*Wigaloi*) 中也有相同情节。在这些故事中，"那些奇异动物的主要作用是将骑士引向仙女，民间故事研究专家称之为'引导型动物主题'"[67]。顺着这个思路，便能发现克鲁克山所扮演的角色——揭露了罗恩的宠物老鼠"斑斑"的真面目。

在凯尔特和挪威的传说与故事中，仙女都呈现出动物的形象，所以才说"哈利·波特"系列中没有严格意义上的仙女。[68] 然而，以动物形态出现的"追随者"(fylgja) 通常与"仙女和某些动物（如野猪、母鹿和雄鹿）之间直接相关"[69]。由于仙女具有超自然的特性，通常呈现为白色[70]，而守护神也以白色动物形态示人，因此应该也属于某种挪威仙女，并且——顾名思义——守护着自己的复身。斯堪的纳维亚故事专家认为"白色母鹿是仙女的化身"[71]。前述猜想也因此显得更为合理。

反面复身

我们在本章开篇已经提到过,复身不止一个。在这些复身中,存在着一个恶魔化的反面复身,当时的信仰将其与魔鬼联系在一起。

哈利和伏地魔之间的联系,从《哈利·波特与火焰杯》开始越来越紧密。这种联系的基础便是二人的灵魂并存于同一个外壳(即肉身和血液的外壳)中。伏地魔打破了莉莉的保护,利用哈利的血复活,进一步拉近了二人的联系。这种联系,自伏地魔在戈德里克山谷谋杀无果以来便已存在。

在《哈利·波特与死亡圣器》中,邓布利多对哈利解释说,哈利可能和伏地魔"共同游历了迄今无人知晓、无人涉足的魔法领域"[72]。

这是因为哈利和伏地魔是彼此的复身,在同一个身体内分享灵魂,有时还与一个第三者共同分享,它就是纳吉尼。

这就是反面复身的一种具体体现。根据当时的信仰,反面复身是魔鬼本身或者魔鬼最忠诚的捍卫者之一。当反面复身被揭穿、暴露或者受到复身约束时，他通常会从窗边逃遁，会向窗外大喊，然后飞走。这一幕在莫卢西娜的传说中反复出现[73]。当"女鬼或者女魔（比如莫卢西娜）被发现时，她便会消失或者从屋顶逃走"[74]。在《哈利·波特与死亡圣器》第17章"巴希达的秘密"里也有相同的一幕。伏地魔发现哈利与赫敏在半空中旋转，随后幻影移形、消失在夜幕中时，发出了狂怒的高喊，此时的伏地魔就在窗边。[75]

这些"巫术故事"[76]还阐述了另外一种与当时信仰有关的行为：沉默。沉默是对高喊的替代行为。受到敌人精神复身攻击的人陷入沉睡，而敌人便"凭空出现"在房间里。[77]"巴希达的秘密"中也发生了这一情节：哈利忽然晕倒，以为自己在做梦，而他后来意识到，自己就是伏地魔。伏地魔一下子来到了巴希达的房子里，感受到了哈利的痛苦。[78]这让我们不禁思考从《哈利·波特与火焰杯》开始，哈利那些梦境的真正含义是什么。

梦境

如果人物本身是反派，那么精神复身也可能是反面的。

比如，伏地魔就是一个大反派，其精神复身就是一条蛇。但是这并不影响伏地魔拥有另外一个复身，一个实体复身，甚至多个复身，因为在斯堪的纳维亚人眼中，灵魂并不遵循唯一性原则。

反面复身试图"在梦中以动物形态现身，无视时间和空间，它出现后会向沉睡者昭示一些事件，无论是近期的还是远期的事件"[79]。哈利是一位沉睡者，在特里劳妮教授的占卜课上沉沉入睡，之后发现自己骑在一只猫头鹰背上，在天空中飞翔，随后降落在一个窗户全部被封上的房间里。在那里，哈利见证了虫尾巴和伏地魔之间的一次交流。[80] 这一事件发生在很久以后，哈利却经历了它，中间毫无时差。他竟然能对抗所有自然法则！根据北欧神话，这种梦境让复身（此处指伏地魔）能够借用梦境和梦境所对应的场景，将其拥有者（即哈利）的思想变为现实，特别是"当复身在战斗开始前不久出现在梦里时"[81]。在这场梦中，哈利被送到了小汉格顿村，而这场梦不就发生在二人的墓地决斗前不久吗？

这些幻视梦境被称为"神游"，而不是梦。因为在中世纪，梦只是被当作夜间的发梦、思想和思考，通常表示良好的精神和身体状态。要想判断一个人是否在神游，要看其是否出现了尸僵（任何生物死亡后会发生的一种现象）、是否完全失去知觉和"'灵魂'归身时是否有麻木感"[82]。

J.K.罗琳对梦境的理解正是异教徒的理解：异教徒认为"睡眠使精灵、鬼魂和复身行动自由，距离不会造成任何阻碍。相隔遥远的人之间得以建立起即时的交流，有时呈现为一种半对话的状态"[83]。

在中世纪早期，人们对神游深信不疑，但并非所有人都知道自己存在复身。"不知道自己拥有复身的人……将他们所见解释为一场梦，但知道……的人很清楚自己没有做梦，而是变出了复身。"[84]作者甚至进一步指出，"梦普遍具有预言性，沉睡者会看到他人呈动物形态的灵魂复身"[85]。在北欧传说故事与神话中，"蛇和狼是刺客的动物复身，由于刺客全神贯注于准备实施的谋杀行为，因此会不自觉地释放出另一个自我"[86]。到此无须赘述，我们已经能看出，斯堪的纳维亚神话与信仰里的象征被原样复制到了《哈利·波特与凤凰社》中。

首先，哈利在这里所做的并非上文中定义的神游。他做了一个梦，梦中出现了秋·张、塞德里克和他的火弩箭。后来，"梦境幻化了……"[87]哈利的身体发生了变化，进入了一个灵魂复身。这并不奇怪，毕竟我们知道，纳吉尼和哈利分享着伏地魔的同一片灵魂。纳吉尼也是伏地魔的一个灵魂复身，因为它是伏地魔的魂器之一，本身就贮藏着伏地魔的一部分灵魂，而这个动物复身此时正准备实施一次谋杀。克洛德·勒古托所描述的整个过程，都以小说形式呈现在了"蛇眼"这一章中：伏地魔通过纳吉尼这一更为隐蔽的身体攻击了韦斯莱先生，但没有意识到自己同时释放出了另一个自我，这个自我与伏地魔共生并存，直到他在禁林中杀死了哈利。

此外，虽然哈利知道自己做的不是"一般的梦"[88]，但他不知道自己是伏地魔的一个复身，而且还一再强调自己是"一条大蛇"[89]。正如上文所说，只有了解情况的人才明白自己变出了复身，而不是在做梦。当邓布利多问哈利他具体以哪种视角看到纳吉尼发起攻击时，哈利吃惊地发现，邓布利多已经猜到他就是那条蛇。[90]如果我们带着对斯堪的纳维亚人所信奉的复身和梦境现象的了解，再去读这段情节，就更能理解，为什么邓布利多察觉到伏地魔在哈利身上的影子后，问起韦斯莱先生的身体状况时拒绝正视哈利的目光。另外，邓布利多派密使前去拯救韦斯莱先生后，询问了一个用途不明的仪器。仪器冒出一缕烟，似乎是一条蛇的形状，蛇嘴大张。这似乎有某种含义，因为邓布利多自言自语地说着"自然，自然"，随后又问道："但实质上是分开的吧？"这时，烟蛇分成了两条，随后一切就结束了。[91]

如果我们重新审视上面的内容，可能会猜到邓布利多是在验证复身理论。甚至也许就在此时，邓布利多意识到，纳吉尼并不是一条普通的蛇，而哈利与伏地魔之间的联系也不只是源于戈德里克山谷里那个惨败的死咒那么简单。邓布利多后来对哈利说，他很早便因魂器的问题开始怀疑伏地魔[92]，并且已关注纳吉尼许久。这条具有象征意义的蛇，不但是伏地魔的动物复身，而且强调了伏地魔与斯莱特林之间的关系。[93]

我们因此发现了十分有趣的一点：灵魂，是"哈利·波特"系列小说情节中无处不在的一个基本概念，就像在北欧神话中一样，灵魂是可以分割的。这种信仰与教会的观念相悖，后者会将神游和复身视为魔鬼的行径。

魂器是斯堪的纳维亚信仰的产物。根据这种信仰，人们可以把灵魂分成好几片，为此必须实施一种与魔鬼有关的行为，这便印证了罗马教廷的理论——那些为自己精神复身、灵魂复身或实体复身所害的人，都是撒旦的仆人。

进一步审视伏地魔在肉体被摧毁后复活的方式,我们会发现各种场所的象征意义也与北欧神话有关:伏地魔进入森林,停留在一棵树附近,这棵树奇特而隐蔽地维持着生命,就像世界之树(Yggdrasil,同时这棵也是生命之源),"栽植于世界中心……,即神祇所在之地"[94]。伏地魔将(为此)从他最喜欢的动物(可隐藏他灵魂的蛇)的身体中脱出。[95]

20
德思礼一家与巫师

✼

整个故事从弗农·德思礼开始。这个英国男人过着平静的生活,已婚,育有一子,重视劳动价值和公序良俗。

读者从这位麻瓜的视角认识了巫师。德思礼因热衷规范准则而在社会上站稳了脚跟,甚至颇以此为傲。[96] 也正因此,德思礼"无法忍受身着奇装异服的人"[97],认为大部分新潮流都"很蠢"。德思礼不认同这些身着五颜六色的袍子的人,认为他们不懂着装的规矩。而读者也很快便明白,英国存在两个彼此完全独立的社会,而帮助我们得出这一结论的第一个元素便是服装。

麻瓜的着装风尚

"在中世纪，两种如今看来构成强烈反差的颜色也可能形成一种相对较弱的反差，反之亦然。"[98]这令人联想到，潮流都是暂时的，服装颜色的搭配建立在主观的反差基础上，而这种反差符合当时的习惯。德思礼一家的眼光与其同代人相同，而且证实了巫师仍继续生活在一个以中世纪准则为主流的社会里，他们也一直在遵循中世纪的准则。

一种中世纪着装潮流

在中世纪，"凡是节日，都是展示丰富而躁动的颜色的好机会"[99]。"哈利·波特"系列小说就开始于一个巫师的节日，这些巫师置魔法的秘密于不顾，甚至忘记融入人群。

不过，为什么人们对彩色服装抱有如此大的敌意呢？

我们之前在讨论霍格沃茨纹章时便已提到，答案还是要从宗教学和基督教的演化史中寻找。首先，教会和教会的思想家们"比较敌视颜色"[100]，尤其是显眼的彩色衣服。"在宗教改革运动中，服装总是或多或少地象征着羞耻和罪孽。服装与原罪有关，它的主要作用之一是提醒人们自己的堕落。因此，服装必须展现谦卑，所以它必须颜色暗淡，款式简单低调……所有新教伦理都极度反感奢华的服装、脂粉和饰物、化装以及多变或者古怪的潮流。"[101] 亚当和夏娃未能抵挡住诱惑，偷尝知善恶树上的禁果，于是被赶出了人间天堂，他们曾在里面赤裸着身体生活。流亡在外的亚当和夏娃不得不遮盖住赤裸的身体。所以，突出服装就意味着宣扬原罪。一些人甚至"在名词 color（颜色）和动词 celare（隐藏，意大利语）之间建立起了联系"[102]。

米歇尔·帕斯图罗还指出，亨利八世国王（使英格兰与罗马教会彻底分裂的英格兰君主）的亲信梅兰希通认为，"过度关注身体和服装，会让人比动物还不如"[103]。

鲜艳而奢华的颜色显然是对堕落的明示。[104] "新教徒对简单和朴素的追求表现为，其服装的色调中没有任何不道德的鲜艳色彩。"[105] 颜色的诱惑是"具有欺骗性的，有罪的，是骗人的把戏、虚伪和谎言"[106]。另外，当德思礼遇到一个身着翡翠绿斗篷、比他年长一些的男人时，无法掩饰自己的惊愕，因为德思礼认为这种长袍的剪裁和颜色是不知羞耻的标志。[107] 这个小细节令人联想到，"拉辛曾不无幽默地讲述道，他如何因为身着深绿色衣服而引起了

'王港先生们'[108]的愤慨"[109]。

相反，虽然巫师们穿的衣服五颜六色，可隐居在学校城堡、日后将成为社会栋梁的学生们却身着象征反宗教改革运动的黑色服装。这是修士的黑色，"传承了这一颜色蕴含的所有中世纪道德"[110]；这也是王公贵族的黑色[111]，与这些学生们成长的环境完全相匹配。

限制奢侈法与《国际保密法》

"限制奢侈法"规定，为了"维护业已建立的秩序、良好的风俗和祖先的传统，必须将有教养的公民同生活在社会边缘甚至之外的男男女女区分开来"[112]。这些法律措施是一场宏大训导运动的延续，这场运动在中世纪迅猛发展，最终形成了宗教改革运动。[113]在"大难不死的男孩"一章中，读者可以了解到，巫师因为其"古怪的"长袍而被边缘化。当巫师准备越过麻瓜世界的屏障时，根据《国际保密法》，通常必须穿麻瓜的衣服。

这些法律"通常针对年轻人和妇女，反对变化与革新，这些变化与革新扰乱现有秩序，违背良俗"[114]。在《哈利·波特与凤凰社》的"达利遭遇摄魂怪"一章中，哈利穿上麻瓜的衣服，但这种穿着使他与女贞路上其他居民如此格格不入，以至于街坊们都认定"衣冠不整之人应受法律制裁"[115]。

如果说宗教改革开启了对服装颜色妖魔化的进程，那么清教主义在17世纪克伦威尔的统治下使这一进程达到了顶峰[116]。尽管英格兰的麻瓜实现了政治生活的民主化，争取到了自由，并见证了第二次革命结束后《国际保密法》的通过，这仍是一个特别黑暗的历史时期。罗琳自己也曾确认，服装的样式仿佛停滞在了17世纪——那个巫师们被迫隐藏自己的历史时期。[117]

新教悲观主义对巫师的影响

人们通常把天主教徒同"猎巫运动"联系在一起，这种运动主要在罗马教廷设立的宗教裁判所的领导下开展。而新教的宗教改革运动同天主教徒一样，看待人类时同样悲观，它推动了"民众对超自然力量的信仰，使民众相信，通过与这种力量相结合，可以更好地享受生活，获得某些天赋……对别人施法，制造迷情剂，杀死牲畜，毁灭收成，烧掉房屋，从而达到制敌的目的"[118]。这就是猎巫运动的开端，魔法与巫术就此出现分野。在这方面，米歇尔·帕斯图罗指出，新教徒在猎巫运动中"通常比天主教徒更凶残，也更不宽容"[119]。

"大难不死的男孩"一章就描述了欧洲犹太基督教社会中某种残余的轮廓。服装在历史上曾是导致其自身受到排斥的因素之一，而J.K.罗琳通过服装解释了巫师们隐藏自己的原因。读者一下子就注意到，巫师们并没有放弃神话、传说和历史向人们讲述的那些习俗和传统。而这种印象与德思礼先生的思想（英国新教的产物，或许同低教会派[120]还有些相近）不谋而合，并通过叙事表达出来，因此更为显见。

因此，在一个深受新教影响、注重价值与秩序的国度，麻瓜与巫师面对习俗、信仰和生活原则发生转变的历史路口，不得不分道扬镳，方能保存其各自所珍视的传统与价值。

随着故事的深入，读者日益了解了巫师世界，以及不同政治力量——霍格沃茨校长、魔法部部长、英国首相以及黑魔法之间是如何合作的，并且意识到权力的混杂对维护公共秩序、人民自由以及引导个人归属感来说是绝对必要的。

【注释】

1. 米歇尔·帕斯图罗,《一段西方中世纪符号史》,第 334 页。
2. J. K. 罗琳,《哈利·波特与死亡圣器》,第 439 页。
3. 出处同 2,第 456 页。
4. 完整研究见鲁道夫·西梅克(Rudolf Simek),《中土大陆:托尔金与日耳曼-斯堪的纳维亚神话》(*La Terre du Milieu: Tolkien et la mythologie germano-scandinave*),巴黎,Passés Composés,2019。
5. 让·马尔卡,《亚瑟王与凯尔特人社会》,第 53 页。
6. 马丁·奥雷尔,《亚瑟王传奇》,第 380 页。
7. 让·马尔卡,《亚瑟王与凯尔特人社会》,第 57—58 页。
8. 出处同 7,第 58 页。
9. 出处同 7,第 58 页。
10. J. K. 罗琳,《哈利·波特与死亡圣器》,第 762 页。
11. 出处同 10,第 762 页。
12. 邓布利多全名为阿不思·珀西瓦尔·伍尔弗里克·布赖恩·邓布利多。——编者注
13. J. K. 罗琳,《哈利·波特与死亡圣器》,第 766 页。
14. 马丁·奥雷尔,《亚瑟王传奇》,第 688 页。
15. 克里斯蒂安-约瑟夫·吉永瓦尔克,弗朗索瓦·勒鲁,《凯尔特文明》,第 229 页。
16. 马丁·奥雷尔,《亚瑟王传奇》,第 318 页。
17. 克里斯蒂安-约瑟夫·吉永瓦尔克,弗朗索瓦·勒鲁,《凯尔特文明》,第 197 页。
18. 即琐罗亚斯德教(Zoroastrianism),该宗教在基督教诞生前在中东极具影响力,是古代波斯帝国的国教,也是中亚等地的宗教。该宗教是摩尼教之源,在中国称为"袄(xiān)教"。——编者注
19. 让-路易·布律诺(Jean-Louis Brunaux),《德鲁伊教祭司:蛮族哲

学家》(*Les Druides: Des philosophes chez les Barbares*),巴黎,Points Histoire,第 17 页。

20. 此说法借自让·马尔卡,《亚瑟王与凯尔特人社会》,第 32 页。
21. 出处同 20。
22. 让·马尔卡,《亚瑟王与凯尔特人社会》,第 376 页。
23. 此处为笔者对让·马卡尔原文的解读,出处同 22,第 377 页,而马卡尔则引自卢坎的《法沙利亚》。
24. J.K. 罗琳,《哈利·波特与死亡圣器》,第 753 页。
25. 米歇尔·帕斯图罗(与多米尼克·西蒙奈合著),《颜色手册》,第 45 页。
26. 让·马尔卡,《亚瑟王与凯尔特人社会》,第 377 页。
27. 出处同 26,第 352 页。
28. 出处同 26,第 374 页。
29. 出处同 26,第 50 页。
30. 克里斯蒂安-约瑟夫·吉永瓦尔克,弗朗索瓦·勒鲁,《凯尔特文明》,第 220 页。
31. 出处同 30,第 231 页。
32. 米歇尔·帕斯图罗,《黑色:一种颜色的历史》,第 35 页。
33. 出处同 32,第 52 页。
34. 米歇尔·帕斯图罗(与多米尼克·西蒙奈合著),《颜色手册》,第 9 页。
35. 米歇尔·帕斯图罗,《黑色:一种颜色的历史》,第 44 页。
36. 出处同 35,第 57 页。
37. 出处同 35,第 50 页。
38. 出处同 35,第 80 页。
39. 米歇尔·帕斯图罗,《黑色:一种颜色的历史》,第 50 页。
40. 出处同 39,第 89 页。
41. 出处同 39,第 89 页。

42. J.K. 罗琳,《哈利·波特与死亡圣器》,第 725 页。

43. 米歇尔·帕斯图罗(与多米尼克·西蒙奈合著),《颜色手册》,第 95 页。

44. 马丁·奥雷尔,《亚瑟王传奇》,第 23 页。

45. 布立吞人,古代不列颠岛上的凯尔特居民。——译者注

46. 本段为笔者对让·马卡尔在《亚瑟王与凯尔特人社会》中归纳总结出的故事的引述和概括。

47. 让·马尔卡,《亚瑟王与凯尔特人社会》,第 293 页。

48. 出处同 47,第 292 页。

49. J.K. 罗琳,《哈利·波特与凤凰社》,第 752 页。

50. 米歇尔·帕斯图罗,《一段西方中世纪符号史》,第 245 页。

51. 此处括号内为冰岛语。克洛德·勒古托(Claude Lecouteux),《中世纪的仙女、女巫和狼人》(*Fées, Sorcières et loups-garous au Moyen Âge*),巴黎,Imago,2012,第 9 页。

52. 出处同 51,第 139 页。

53. 米歇尔·帕斯图罗,《一段西方中世纪符号史》,第 76 页。

54. 霍格沃茨的法语写法是 Poudlard,霍格莫德村的是 Pré-au-lard。——译者注

55. 出处同 53,第 85 页。

56. J.K. 罗琳,《哈利·波特与阿兹卡班囚徒》,Gallimard,口袋书版,巴黎,2005,第 454 页。

57. 米歇尔·帕斯图罗,《一段西方中世纪符号史》,第 85 页。

58. 克洛德·勒古托,《中世纪的仙女、女巫和狼人》,第 122 页。

59. 出处同 58,第 122 页。

60. 马丁·奥雷尔,《亚瑟王传奇》,第 699 页。

61. 米歇尔·帕斯图罗,《一段西方中世纪符号史》,第 85 页。

62. 克洛德·勒古托,《中世纪的仙女、女巫和狼人》,同上,第 77 页。

63. 出处同 62，第 81 页。
64. 出处同 62，第 81 页。
65. 出处同 62，第 81 页。
66. 出处同 62，第 81 页。
67. 出处同 62，第 78 页。
68. 出处同 62，第 75 页。
69. 出处同 62，第 77 页。
70. 出处同 62，第 77—78 页。
71. 出处同 62，第 78 页。
72. J. K. 罗琳，《哈利·波特与死亡圣器》，第 758 页。
73. 此处为笔者对克洛德·勒古托原文的解述，《中世纪的仙女、女巫和狼人》，第 91 页。
74. 克洛德·勒古托，《中世纪的仙女、女巫和狼人》，第 91 页。
75. J. K. 罗琳，《哈利·波特与死亡圣器》，第 369 页。
76. 克洛德·勒古托，《中世纪的仙女、女巫和狼人》，第 91 页。
77. 出处同 76，第 91 页。
78. J. K. 罗琳，《哈利·波特与死亡圣器》，第 369 页。
79. 克洛德·勒古托，《中世纪的仙女、女巫和狼人》，第 139—140 页。
80. J. K. 罗琳，《哈利·波特与火焰杯》，第 514—515 页。
81. 克洛德·勒古托，《中世纪的仙女、女巫和狼人》，第 140 页。
82. 出处同 81，第 35 页。
83. 出处同 81，第 45 页。
84. 出处同 81，第 42 页。
85. 出处同 81，第 42 页。
86. 出处同 81，第 42 页。
87. J. K. 罗琳，《哈利·波特与凤凰社》，第 520 页。
88. 出处同 87，第 522 页。

89. 出处同 87，第 522 页。

90. 出处同 87，第 526 页。

91. 出处同 87，第 529 页。

92. J. K. 罗琳，《哈利·波特与混血王子》，第 551 页。

93. 出处同上，第 557 页。

94. R.-J. 蒂博，《北欧和日耳曼神话与符号词典》，第 469 页。

95. J. K. 罗琳，《哈利·波特与火焰杯》，第 582 页。

96. J. K. 罗琳，《哈利·波特与火焰杯》，第 582 页。

97. J. K. 罗琳，《哈利·波特与魔法石》，巴黎，Gallimard Jeunesse，口袋书版，1997，第 5 页。

98. 米歇尔·帕斯图罗，《一段西方中世纪符号史》，第 136 页。

99. 出处同 98，第 144 页。

100. 出处同 98，第 153 页。

101. 出处同 98，第 189 页。

102. 出处同 98，第 153 页。

103. 米歇尔·帕斯图罗，《一段西方中世纪符号史》，第 189 页。

104. 米歇尔·帕斯图罗，《蓝色：一种颜色的历史》，第 95 页。

105. 出处同 104，第 95 页。

106. 出处同 104，第 102 页。

107. J. K. 罗琳，《哈利·波特与魔法石》，第 7 页。

108. 也被称为"隐遁者"（Solitaires），是 17 世纪一群选择在王港修道院（Port-Royal des Champs）隐居的人，以其苦修和虔诚著称。——译者注

109. 米歇尔·帕斯图罗，《黑色：一种颜色的历史》，第 157 页。

110. 米歇尔·帕斯图罗，《一段西方中世纪符号史》，第 192 页。

111. 出处同 110，第 191 页。

112. 米歇尔·帕斯图罗，《黑色：一种颜色的历史》，第 119 页。

113. 此处为笔者对米歇尔·帕斯图罗原文的解述,出处同上,第117页。
114. 出处同112,第117页。
115. J.K. 罗琳,《哈利·波特与凤凰社》,第7页。
116. 米歇尔·帕斯图罗,《黑色:一种颜色的历史》,第156页。
117. 此处为笔者对J.K.罗琳原文的解述,"服装",载J.K.罗琳,《巫师世界》。详见:https://www.wizardingworld.com/writing-by-jk-rowling/clothing。
118. 米歇尔·帕斯图罗,《黑色:一种颜色的历史》,第160页。
119. 出处同118,第161页。
120. 低教会派是一种清教徒的政治和宗教派别,强调英国国教的新教价值观。

结　语

✥

关于"哈利·波特"系列小说的研究众多，而其他一些研究则尝试建立这一假设，即不列颠诸岛政治历史与英国巫师政治历史是有所重合的。

各种理论在网络上层出不穷，这些理论不断地为古代史、政治、社会学和宗教领域的学者提供素材，但在笔者看来，仍有很多研究方向等待探索。

虽然本书在一开始强调的是某段政治历史中以年代为主线的各种联系，但很快便转向其他历史编纂学分支，如颜色、纹章、中世纪动物寓言以及神话根源。

读过本书后，读者势必会发现，历史与"哈利·波特"系列小说之间的比较主要存在于中世纪以及相关民间传说中。这一点虽然有些令人扫兴，但又是一目了然的，它让读者得以更深入地了解英国巫师世界中的社会准则与惯例。书中令人印象最深刻的例子，皆与纹章、分院制和服装有关。

本书旨在表明，历史与巫师世界一样，都是永恒存在的。不同文明与民族精神虽然在几个世纪的时间里不断演进，短期内引发了一些使其自身受害的后果，但这些文明和民族的精神特质始终如一。J.K. 罗琳向我们表明，无论何种对立，包括诺曼人与盎格鲁-撒克逊人之间的对立、基督教徒与犹太人之间的对立、希特勒与丘吉尔之间的对立、保皇党人与共和党人之间的对立，最终都会走向战争。统治者与被统治者、胜利者与失败者之间的永恒对话，就这样不断循环往复。

虽然巫师善用魔法，但这并不能掩盖一个事实，即巫师也会像麻瓜一样重蹈覆辙。另外，人们在自身社会中所熟知的社会阶级和职能结构，与巫师世界中的毫无二致，因此巫师和我们都是历史偶然事件的受害者也就不足为奇了。

出于以上原因，霍格沃茨之战中的巫师证明了这一点：他们是巫师，但更是英国人。同丘吉尔这头勇敢而狡猾的"老狮子"一样,巫师也是一群真正的英国人,对传统和延续至今的历史充满了热爱。像不列颠战役中的伦敦人一样,这些巫师愿意牺牲见证了历史的霍格沃茨,来拯救自己的世界,拯救自身的历史。或许,后者才是最重要的。

参 考 文 献

通识性著作

Arras Jean d', *Mélusine* ou *La Noble Histoire de Lusignan*, Paris, Le Livre de Poche, coll. «Lettres gothiques », 1991.

Chausser Geoffrey, *Les Contes de Canterbury*, Paris, Gallimard, coll. «Folio Classique», 1998.

Chrétien de Troyes, *Érec et Énide*, Paris, Le Livre de Poche, coll. «Lettres gothiques», 2003.

Chrétien de Troyes, *Le Chevalier au Lion*, Paris, Le Livre de Poche, coll. «Lettres gothiques», 2000.

Chrétien de Troyes, *Le Chevalier de la Charrette*, Paris, Honoré Champion, Ed. bilingue, coll. «Classiques», 2006.

Chrétien de Troyes, *Le Conte du Graal*, Paris, Le Livre de Poche, coll. «Lettres gothiques», 2016.

Chrétien de Troyes, *Romans de la Table ronde*, Paris, Le Livre de Poche, coll. «Lettres gothiques», 2002.

Rowling J. K., *Harry Potter à l'école des sorciers*, Paris, Gallimard Jeunesse, 2017.

Rowling J. K., *Harry Potter et la Chambre des Secrets*, Paris, Gallimard Jeunesse, 2017.

Rowling J. K., *Harry Potter et le prisonnier d'Azkaban*, Paris, Gallimard Jeunesse, 2017.

Rowling J. K., *Harry Potter et la Coupe de Feu*, Paris, Gallimard Jeunesse, 2017.

Rowling J. K., *Harry Potter et l'Ordre du Phénix*, Paris, Gallimard Jeunesse, 2017.

Rowling J. K., *Harry Potter et le Prince de Sang-Mêlé*, Paris, Gallimard Jeunesse, 2017.

Rowling J. K., *Harry Potter et les Reliques de la Mort*, Paris, Gallimard Jeunesse, 2017.

Rowling J. K., *Les Animaux fantastiques: Vie & habitat*, Paris, Gallimard Jeunesse, coll. «Romans Junior», 2017.

Rowling J. K., *Les Contes de Beedle le Barde*, Paris, Gallimard Jeunesse, coll. «Romans Junior», 2017.

Scott Walter, *Ivanhoé*, Paris, Le Livre de Poche, coll. «Les Classiques de Poche», 4e édition, 2016.

Scott Walter, *Œuvres complètes de Sir Walter Scott. La Dame du Lac (Ed. 1826)*, Tome 6, Paris, Hachette Livre BNF, 2013.

Scott Walter, *Œuvres complètes de Sir Walter Scott. Peveril du Pic (Ed. 1821)*, Tome 51, Paris, Hachette Livre BNF, 2013.

Trousset Jules (dir.), *Nouveau dictionnaire encyclopédique universel illustré*, 5 vol., Paris, Girard E. et Boitte A., 1888.

论著与专题论文

Arnould Colette, *Histoire de la sorcellerie*, Paris, Tallandier, coll. «Texto», 2009.

Aubé Pierre, *Thomas Becket*, Paris, Fayard, 1988.

Aurell Martin, *L'Empire des Plantagenêts. 1154-1224*, Paris, Perrin, 2003.

Aurell Martin, *La Légende du roi Arthur*, Paris, Perrin, coll. «Tempus», 2018.

Aurell Martin, *Le Chevalier lettré: Savoir et conduite de l'aristocratie* *aux xiie et xiiie siècles,* Paris, Fayard, coll. «Nouvelles études historiques», 2011.

Bates David, *Guillaume le Conquérant*, Paris, Flammarion, coll. «Grandes biographies», 2019.

Bauduin Pierre, *La Première Normandie, x^e-xie siècle*, Caen, Presses Universitaires de Caen, 2004.

Bède le Venerable, *Histoire ecclésiastique du peuple anglais*, trad. Delaveau Philippe, Paris, Gallimard, coll. «L'Aube des peuples», 1995.

Belfiore Jean-Claude, *Dictionnaire des croyances et symboles de l'Antiquité*, Paris, Larousse, coll. «In Extenso», 2010.

Bouet Pierre, *Hastings. 14 octobre 1066*, Paris, Tallandier, coll. «Texto», 2014.

Bouet Pierre, *Rollon: Le chef viking qui fonda la Normandie*, Paris, Tallandier, coll. «Biographies», 2016.

Boyer Régis, *L'Edda poétique*, Paris, Fayard, 1992.

Boyer Régis, *Les Vikings*, Paris, Plon, coll. «Tempus», 2015.

Boyer Régis, *Les Vikings. Histoire, mythes, dictionnaire*, Paris, Robert Laffont, coll. «Bouquins», 2008.

Brunaux Jean-Louis, *Les Druides. Des philosophes chez les Barbares,*

Paris, Points Histoire, 2015.

Chauou Amaury, *L'Idéologie Plantagenêt. Royauté arthurienne et monarchie politique dans l'espace Plantagenêt (xiie-xiiie siècle)*, Rennes, Presses universitaires de Rennes, 2001.

Cottret Bernard, *Ces reines qui ont fait l'Angleterre*, Paris, Tallandier, coll. «Texto», 2017.

Cottret Bernard, *Henri VIII. Le Pouvoir par la force*, Paris, Payot, 1999.

Cottret Bernard, *Histoire de l'Angleterre. De Guillaume le Conquérant à nos jours*, Paris, Tallandier, coll. «Texto», 2011.

Cottret Bernard, *La Révolution anglaise. 1603-1660*, Paris, Perrin, coll. «Tempus», 2018.

Crete Liliane, *Les Tudors*, Paris, Flammarion, coll. «Champs», 2017.

Dubouclez Olivier, *Histoire du basilic*, Arles, Actes Sud, coll. «Un endroit où aller», 2015.

Duchein Michel, *Histoire de l'Écosse. Des origines à 2013*, Paris, Tallandier, coll. «Texto», 2013.

Étèvenaux Jean, *Français et Britanniques: Amours et désamours,* Paris, À part de l'Esprit, coll. «Sur Les Traces De l'histoire», 2010.

Guyonvarc'h Christian-Joseph, Le Roux Françoise, *La Civilisation celtique*, Paris, Editions Payot & Rivages, coll. «Petite biblio Payot Histoire», 2018.

Jettot Stéphane, Ruggiu François-Joseph, *L'Angleterre à l'époque moderne – Des Tudors aux derniers Stuarts*, Paris, Armand Colin, coll. «U», 2017.

Jones Dan, *Les Plantagenêts*, Paris, Flammarion, coll. «Au fil de l'histoire», 2015.

Lachaud Frédérique, *Jean sans Terre*, Paris, Perrin, 2018.

Lecouteux Claude, *Fées, Sorcières et Loups-garous au Moyen Âge*, Paris, Imago, 2012.

Le Callet Blandine, *Le Monde antique de Harry Potter*, encyclopédie illustrée par Le Callet Valentine, Paris, Stock, 2018.

Markale Jean, *Le Roi Arthur et la société celtique*, Payot, 1994.

Marx Roland, *Histoire de la Grande-Bretagne*, Paris, Perrin, coll. «Tempus», 2004.

Michelet Jules, *La Sorcière*, Paris, Folio, coll. «Folio Classique», 2016.

Monmouth Geoffroy, *Historia Regum Britanniae*, Paris, Les Belles Lettres, coll. «La roue à livres», 1992.

Murray Kendall Paul, *L'Angleterre au temps de la guerre des Deux-Roses*, Paris, Fayard, 1984.

Musset Lucien, *Introduction à la runologie*, Paris, Aubier Montaigne, 1965.

Musset Lucien, *Nordica et Normannica – Recueil d'études sur la Scandinavie ancienne et médiévale, les expéditions des Vikings et la fondation de la Normandie*, Paris, Société des études nordiques, 1997.

Neveux François, *L'Aventure des Normands*, Paris, Perrin, coll. «Tempus», 2009.

Paravicini Bagliani Agostino, *Le Bestiaire du pape*, Paris, Les Belles Lettres, coll. «Histoire», 2018.

Pastoureau Michel, *Armorial des chevaliers de la Table ronde. Étude sur l'héraldique imaginaire à la fin du Moyen Âge*, Paris, Le Léopard d'or, 1983, 2006.

Pastoureau Michel, *Bestiaires du Moyen Âge*, Paris, Seuil, coll. «Beaux livres», 2011; Points Histoire, 2020.

Pastoureau Michel, *Bleu. Histoire d'une couleur*, Paris, Seuil, 2000; Points Histoire, 2014.

Pastoureau Michel, *Figures de l'héraldique*, Paris, Gallimard, coll.

«Découvertes Gallimard», 2013.

Pastoureau Michel, *Jaune. Histoire d'une couleur*, Paris, Seuil, 2019.

Pastoureau Michel, *Le Petit Livre des couleurs*, Paris, Panama, 2005; Points Histoire, 2014 (en collaboration avec Simonnet Dominique).

Pastoureau Michel, *Noir. Histoire d'une couleur*, Paris, Seuil, 2008; Points Histoire, 2014.

Pastoureau Michel, *Rouge. Histoire d'une couleur*, Paris, Seuil, 2016; Points Histoire, 2019.

Pastoureau Michel, *Une histoire symbolique du Moyen Âge occidental*, Paris, Seuil «La Librairie du xxie siècle», 2004; Points Histoire, 2014.

Pastoureau Michel, *Vert. Histoire d'une couleur*, Paris, Seuil, 2013; Points Histoire, 2017.

Pastoureau Michel, *Vie quotidienne en France et en Angleterre au temps des chevaliers de la Table ronde*, Paris, Hachette, coll. «La Vie quotidienne», 1976.

Pernoud Régine, *Aliénor d'Aquitaine*, Paris, Le livre de Poche, coll. «Littérature & Documents», 1983.

Pernoud Régine, *Pour en finir avec le Moyen Âge*, Paris, Points

Histoire, 2014.

Riche Pierre, *Grandeurs et faiblesses de l'Église au Moyen-Âge*, Paris, Cerf, coll. «Lexio», 2015.

Sansy Danièle, *L'Image du juif en France du Nord et en Angleterre du xiie au xve siècle*, Paris, Université de Paris X Nanterre, 1994.

Sturluson Snorri, *L'Edda: Récits de mythologie nordique*. «Traduit du vieil irlandais, introduit et annoté par Dillmann François-Xavier», Paris, Gallimard, coll. «L'Aube des peuples», 1991.

Thibaud Robert-Jacques, *Dictionnaire de mythologie et de symbolique nordique et germanique*, Paris, Éditions Dervy, coll. «Dervy Poche», 2009.

Thibaud Robert-Jacques, *Dictionnaire de mythologie et de symbolique celte,* Paris, Éditions Dervy, 1997.

Thierry Augustin, *Histoire de la conquête de l'Angleterre par les Normands de ses causes et de ses suites jusqu'à nos jours en Angleterre, en Écosse, en Irlande et sur le continent*, Paris, Furne et Cie, 9e édition, 1851.

Vartier Jean, *Les Procès d'animaux du Moyen Âge à nos jours*, Paris, Hachette, 1970.

文章与评论

Chaillan Marianne, *Harry Potter à l'école de la philosophie*, Paris, Ellipses Marketing, 2015.

Milner Jean-Claude, *Harry Potter à l'école des sciences morales et politiques*, Paris, PUF, 2014.

Musset Lucien, «L'origine de Rollon» (1981), (réédité) in Musset Lucien, *Nordica et Normannica – Recueil d'études sur la Scandinavie ancienne et médiévale, les expéditions des Vikings et la fondation de la Normandie,* Paris, Société des études nordiques, 1997.

互联网资料来源

Rowling J. K., «Chamber of Secrets», *Wizarding World: The Official Home of Harry Potter.* Disponible sur https://www.wizardingworld.com/writing-by-jk-rowling/chamber-of-secrets.

Rowling J. K., «Clothing», *Wizarding World: The Official Homeof Harry Potter.* Disponible sur https://www.wizardingworld.com/writing-by-jk-rowling/clothing

Rowling J. K., «Colours», *Wizarding World: The Official Home of Harry Potter.* Disponible sur https://www.wizardingworld.

com/writing-by-jk-rowling/colours

Rowling J. K., «Hogwarts Ghosts», *Wizarding World: The Official Home of Harry Potter.* Disponible sur https://www.wizardingworld.com/features/hogwarts-ghosts.

Rowling J. K., «Pure-Blood», *Wizarding World: The Official Home of Harry Potter.* Disponible sur https://www.wizardingworld.com/writing-by-jk-rowling/pure-blood.

Rowling J. K., «The Malfoy family», *Wizarding World: The Official Home of Harry Potter.* Disponible sur https://www.wizardingworld.com/writing-by-jk-rowling/the-malfoy-family.

Rowling J. K., «The secrets lives and deaths of the Hogwarts ghosts», *Wizarding World: The Official Home of Harry Potter.* Disponible sur https://www.wizardingworld.com/features/the-secret-lives-of-the-hogwarts-ghosts.

Rowling J. K., «The stories of the Hogwarts founders», *Wizarding World: The Official Home of Harry Potter.* Disponible sur https://www.wizardingworld.com/features/stories-of-the-hogwarts-founders.

Rowling J. K., «The Sword of Gryffindor», *Wizarding World: The Official Home of Harry Potter.* Disponible sur https://www.wizardingworld.com/writing-by-jk-rowling/the-sword-of-gryffindor.

Rowling J. K., «Why Hogwarts needs Slytherin house», *Wizarding World: The Official Home of Harry Potter*. Disponible sur https://www.wizardingworld.com/features/why-hogwarts-needs-slytherin-house.

规范性规定

Maitland Frederic William, The Constitutional History of England, Cambridge, Cambridge University Press, 1965.

封建法

— Constitutions de Clarendon, 1164.

宪法 — 议会

— Act for the Settlement of Ireland, 1652.

— Act of Uniformity, 1549 ; 1552 ; 1559 ; 1662.

— Act of Union, 1707.

— Bill of Rights, 1689.

— Commonwealth, 1649-1653.

— Cromwellian Settlement, 1653-1663.

— Grand Remonstrance, 1641.

— Magna Carta, 1215.

— National Covenant, 1638.

— Parliament Act, 1911.

英国继承法

— Act of Settlement, 1701.

— Titulus Regius, 1484.